NÄHWISSEN FÜR JEDERMANN

Titel der Originalausgabe:
How to speak fluent sewing

RotoVision SA
114 Western Road
Hove
BN3 1DD
www.rotovision.com

Produktmanagement: Nina Armbruster
Übersetzung: Britta John
Umschlaggestaltung: Petra Theilfarth

1. Auflage 2015

ISBN 978-3-7724-6426-3
Best.-Nr. 6426
Printed in China

NÄHWISSEN FÜR JEDERMANN

Der unverzichtbare Ratgeber
zu Nähtechniken und -materialien

CHRISTINE HAYNES

INHALT

3: NÄHMASCHINE

4: STICHARTEN

5: STOFFE

INHALT

7: TECHNIKEN VERARBEITUNG

WIE SIE DIESES BUCH VERWENDEN

Nachschlagewerke sind meine Favoriten unter den Nähbüchern. Ich liebe es, Begriffe zu recherchieren, Illustrationen zu betrachten und die Unterschiede zwischen einzelnen Werkzeuge oder Gewebearten kennenzulernen. Wenn Sie sich fragen: „Was ist der Unterschied zwischen einem einfachen Gewebe, einem Köperstoff oder einer Satinbindung?" Dann ist dieses Buch genau richtig für Sie! Ich möchte die verschiedenen Begriffe, sowie Zubehör und Techniken erläutern, sodass Sie für alle Nähaufgaben mit ausreichender Kenntnis gewappnet sind.

Dieses Buch ist in verschiedene Kapitel aufgeteilt, die in Untergruppen sortiert sind. Falls Sie nicht wissen, zu welcher Kategorie ein Begriff gehört, wird Ihnen das Stichwortverzeichnis am Ende des Buches die Suche erleichtern.

Zunächst werden Sie im 1. Kapitel mehr über die verschiedenen Nähutensilien erfahren. Sie werden die Unterschiede zwischen den diversen Schneidewerkzeugen, Markierhilfen und Verschlüssen, um nur einige Untergruppen zu nennen, kennenlernen. Im 2. Kapitel dreht sich alles um die Nadeln. Hier können Sie alles über Maschinen- und Handnähnadeln nachlesen, sowie über den Aufbau einer Nadel, damit Sie den Schaft vom Kolben unterscheiden können.

Im 3. Kapitel können Sie Ihr Wissen über Nähmaschinen vertiefen, Ihr wichtigstes Werkzeug beim Nähen. Machen Sie sich mit den einzelnen Teilen der Maschine sowie unterschiedlichen Maschinentypen vertraut und schließen Sie Wissenslücken, bei denen auch die Bedienungsanleitung keine Hilfe war. Das 4. Kapitel beschäftigt sich mit den verschiedenen Nähstichen, von Hand genäht oder mit der Maschine. Sie werden auch die vielen Sticharten kennenlernen, die die Fertigstellung eines Kleidungsstücks erfordert, wie beispielsweise das Flachsteppen, Absteppen oder das knappkantige Steppen.

Das 5. Kapitel ist den Stoffen gewidmet. Hier zeige ich Ihnen die verschiedenen Gewebearten. Dazu gibt es viel Wissenswertes zu Mustern, der Ausrüstung und Verarbeitung von Stoffen. Im 6. Kapitel erfahren Sie alles zum Thema Schnittmuster und Begriffe, die beim Nähen von Kleidung verwendet werden – und, um ehrlich zu sein, handelt es sich hier um mein Lieblingskapitel! Freuen Sie sich auf schöne Illustrationen von Rockschößchen, Röcken und Bubikragen. Aber keine Sorge, es werden nicht nur Abbildungen geboten – Sie werden viele Dinge für das Anfertigen von Schnittmustern erfahren, über Schnittmustermarkierungen und Konstruktionselemente, wie beispielsweise Kräusel, Falten und Taschen.

Im letzten Kapitel erkläre ich verschiedene Nähtechniken und -prozesse. Lernen Sie die Unterschiede zwischen Futter, Innenfutter und dem Unterfüttern kennen, und entdecken Sie Verzierungsmöglichkeiten wie Stickereien und Vieles mehr.

Dieses Buch ist wahrlich vollgestopft mit Begriffen und Definitionen, von den Grundlagen bis zu fortgeschrittener Terminologie. Ich hoffe, Sie lernen etwas Neues, entdecken eine neue Technik, neues Zubehör oder eine Methode, die Sie zu einem neuen Projekt inspirieren wird!

1. KAPITEL

WERKZEUGE

SCHNEIDERSCHERE

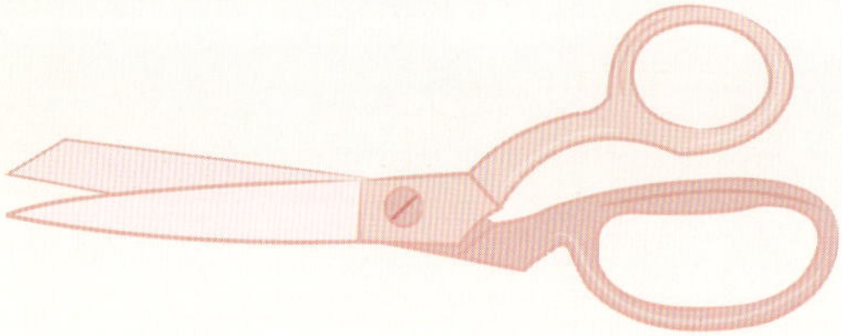

WAS ES IST: Eine Schere mit einem gebogenen Griff, erhältlich in verschiedenen Größen (18 cm bis 35,5 cm). Damit das Scherenblatt scharf bleibt, sollten nur Stoffe, Fäden und Bänder ohne Drahteinlage geschnitten werden.

WAS ES KANN: Durch die gebogene Form bleibt das untere Scherenblatt flach auf der Schneideunterlage liegen, während die scharfe Schere durch den Stoff gleitet.

WARUM SIE ES VERWENDEN SOLLTEN: Ohne gebogene Form würde der Stoff beim Schneiden angehoben, der Zuschnitt weniger sauber und präzise. Eine scharfe Schneiderschere erlaubt akkurates Zuschneiden. Dies erleichtert passgenaues Nähen und sorgt für ein gelungenes Nähprojekt.

SPITZE SCHERE

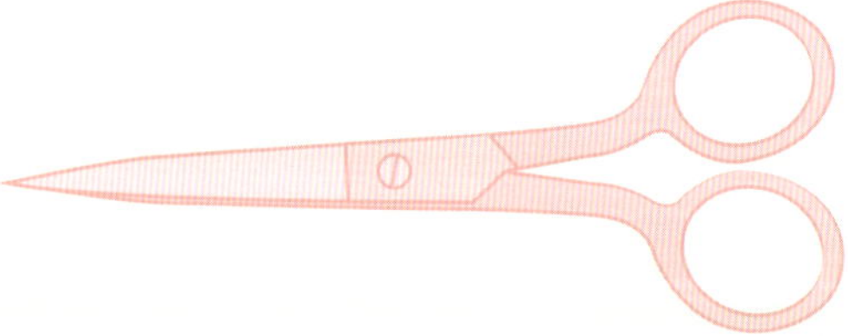

WAS ES IST: Eine kleine Schere mit zwei Augen für die Finger und mittig angesetzten Scherenblättern. Meist 12,5 cm oder kürzer.

WAS ES KANN: Zum Schneiden von Nähfäden, Nahtzugaben, Einkerbungen und weiteren kleinen Aufgaben, bei denen eine größere Schere zu unhandlich wäre.

WARUM SIE ES VERWENDEN SOLLTEN: Leichte Handhabung und Kontrolle auch bei kleineren Schnitten in schwer zugänglichen Bereichen, das vermeidet Fehlschnitte.

STICKSCHERE

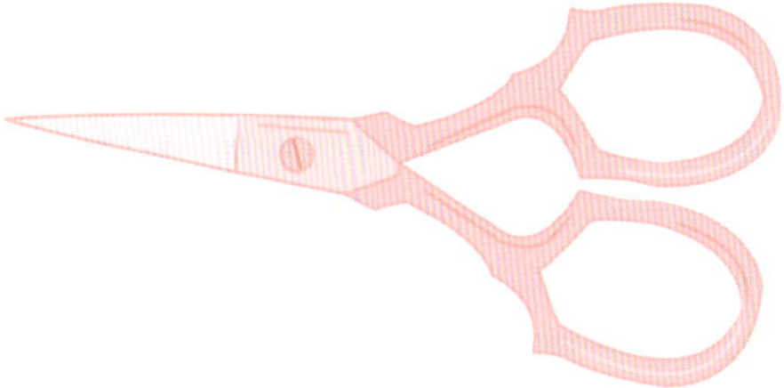

WAS ES IST: Eine kleine Schere mit symmetrischen Augen und mittig angesetzten, kurzen Scherenblättern.

WAS ES KANN: Zum Schneiden in schwer zugänglichen Bereichen beim Sticken oder detaillierten Handarbeiten.

WARUM SIE ES VERWENDEN SOLLTEN: Beim Schneiden auf engem Raum sind kleine Scheren empfehlenswert. Die dünnen Scherenspitzen erlauben eine höhere Präzision als eine Schneiderschere, dies minimiert Fehler und ungewolltes Einschneiden.

ZACKENSCHERE

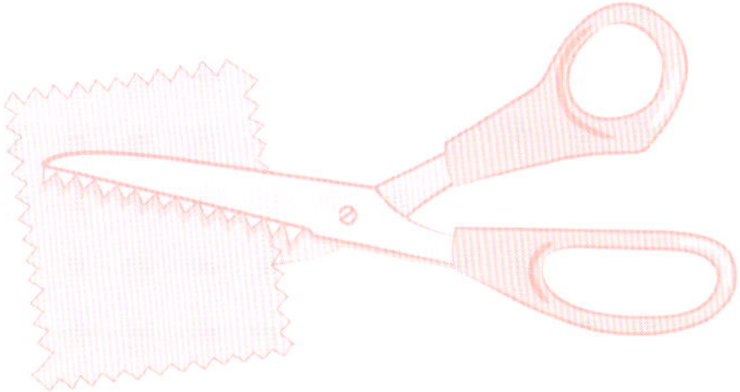

WAS ES IST: Diese Scheren haben gezackte Schneideblätter.

WAS ES KANN: Sie schneiden Stoff oder Papier wie herkömmliche Scheren, produzieren jedoch anstelle einer geraden Schneidekante einen gezackten Rand.

WARUM SIE ES VERWENDEN SOLLTEN: Vielfach wird der Zackenrand als dekoratives Element verwendet. Zusätzlich können damit innen liegende Nahtzugaben versäubert werden. Nach dem Schneiden müssen Zickzackkanten nicht weiter versäubert werden. Probieren Sie sie zunächst immer an einem Stoffrest aus.

ROLLSCHNEIDER

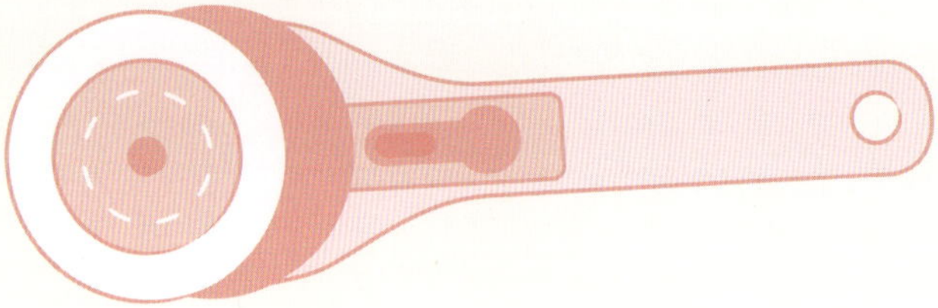

WAS ES IST: Ein Schneidewerkzeug mit einem Metall- oder Kunststoffgriff und einer runden Klinge am gegenüberliegenden Ende.

WAS ES KANN: Die Klinge durchschneidet mehrere Stofflagen gleichzeitig. Empfehlenswert zum Schneiden auf einer Schneideunterlage, am besten mit einem dicken Quiltlineal zum Schutz der Hand.

WARUM SIE ES VERWENDEN SOLLTEN: Wird hauptsächlich beim Zuschneiden von Quiltstücken und -blöcken verwendet, eine rasche und effiziente Methode für akkurate, gerade Schnitte.

SIEHE AUCH: Quiltstich, Seite 88

SCHNEIDEUNTERLAGE

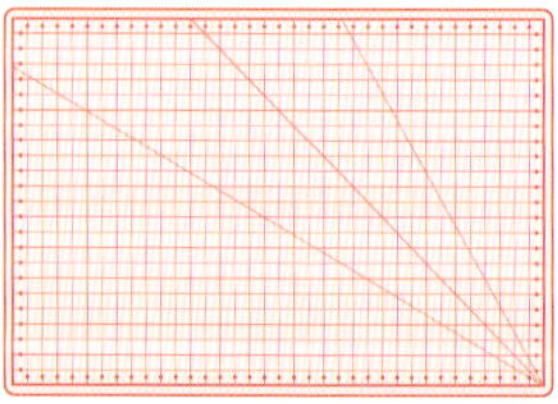

WAS ES IST: Eine „selbst-reparierende“ Kunststoffmatte mit aufgedruckter Skalierung zum Schneiden mit dem Rollschneider.

WAS ES KANN: Legen Sie die Schneideunterlage auf die Arbeitsfläche und das zu schneidende Material darauf. Den Stoff mit dem Rollschneider auf der Schneideunterlage zuschneiden.

WARUM SIE ES VERWENDEN SOLLTEN: Die Schneideunterlage schützt den Tisch, und die Klingen des Rollschneiders behalten ihre Schärfe. Die Skalierung erleichtert exaktes Zuschneiden beim Quilten oder beim Nähen von Kleidung.

SIEHE AUCH: Quiltstich, Seite 88

SCHNEIDERKREIDE

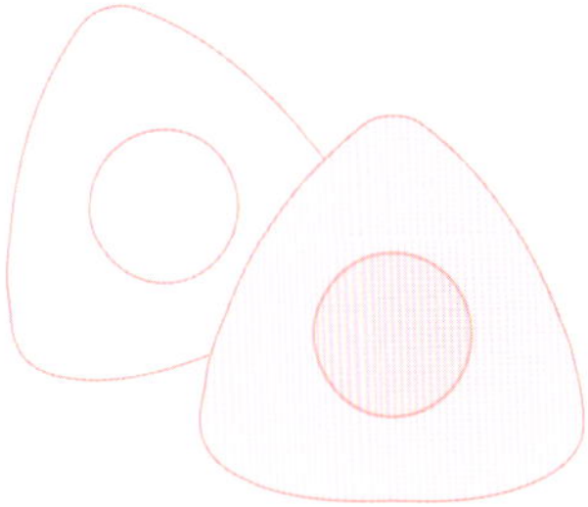

WAS ES IST: Ein Stück Kreide für das Zeichnen auf Stoff. Erhältlich in verschiedenen Farben.

WAS ES KANN: Die Kreide überträgt breite Striche auf den Stoff, die als Markierungshilfen beim Nähen verwendet werden.

WARUM SIE ES VERWENDEN SOLLTEN: Die Anwendung sollte auf der Stoffrückseite oder in nicht sichtbaren Bereichen erfolgen. Die Kreide ist meist nicht wasserlöslich. Ideal für Pass- und Konstruktionszeichen.

KREIDESTIFT

WAS ES IST: Ein Stift mit Kreidemine, der wie ein herkömmlicher Bleistift gespitzt werden kann. Erhältlich in verschiedenen Farben, meist Weiß, Gelb, Rot und Blau.

WAS ES KANN: Überträgt Markierungen, z.B. für die Platzierung, Einkerbungen, Knopflöcher und so weiter.

WARUM SIE ES VERWENDEN SOLLTEN: Markierungen auf dem Stoff erleichtern akkurates Nähen. Die Stifte sind auch als wasserlösliche Variante erhältlich. Testen Sie Ihren Stift zunächst stets auf einem Stoffrest, bevor Sie ihn auf der Stoffoberseite anwenden.

SIEHE AUCH: Nähte, Seite 168

AQUA-TRICKMARKER

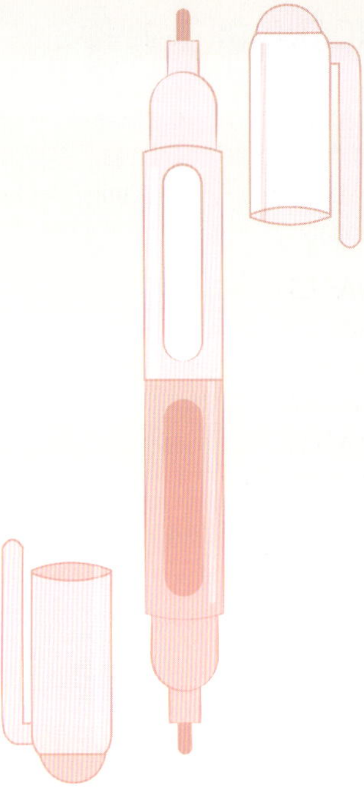

WAS ES IST: Ein Markierstift, häufig mit einer Löschspitze. Nicht alle Stifte haben jedoch diese Radierfunktion.

WAS ES KANN: Zeichnet auswaschbare Markierungen wie Nahtlinien auf den Stoff.

WARUM SIE ES VERWENDEN SOLLTEN: Markierungen mit dem Aqua-Trickmarker erleichtern passgenaues Nähen z.B. bei Abnähern, Knopflöchern oder beim Drehen um die Nadel. Die Markierungen können ausgewaschen oder durch Einweichen des Stoffs entfernt werden. Wie üblich zunächst auf einem Stoffrest ausprobieren.

TRICKMARKER

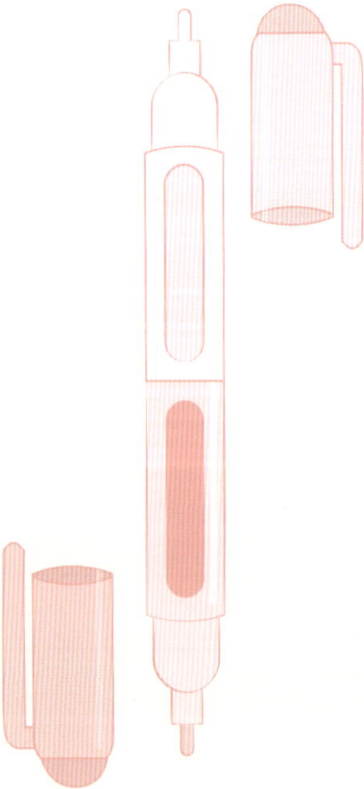

WAS ES IST: Ein Markierstift, häufig mit einer Mine an einem und einem Radierer zum Entfernen der Markierungen am anderen Ende.

WAS ES KANN: Zum Anzeichnen von Markierungen auf Stoff bei Abnähern, Falten oder anderen wichtigen Stellen während der Konstruktion.

WARUM SIE ES VERWENDEN SOLLTEN: Die Markierungen verblassen innerhalb weniger Tage, können aber auch mit der Löschspitze und Wasser entfernt werden. Damit ist der Trickmarker ideal zum Markieren auf der rechten Stoffseite, oder auch an Stellen, die nach der Fertigstellung sichtbar sind. Immer zuerst auf einem Stoffrest ausprobieren!

ROCKABRUNDER

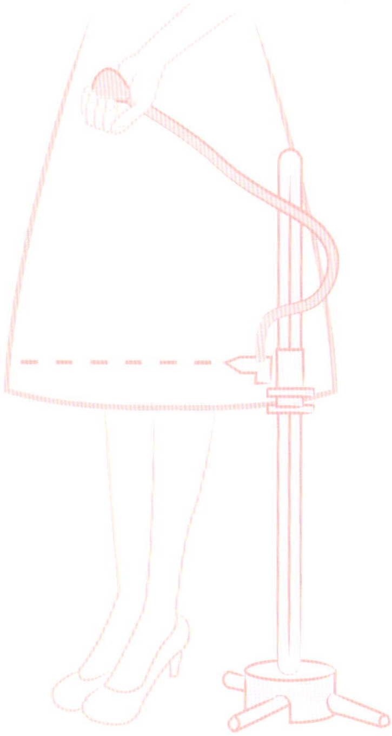

WAS ES IST: Standgerät mit Skalierung an der vertikalen Stange und einem justierbaren Schieber mit einem Kreideeinsatz.

WAS ES KANN: Diese variable Markierhilfe ist höhenverstellbar, um den Saum am eigenen Rock akkurat mit Kreide zu markieren. Die Kreide wird durch einen von Hand aktivierten Blasebalg aufgepustet. Hat die Rockträgerin Hilfe, kann die Nadelvariante zum Markieren des Saums eingesetzt werden.

WARUM SIE ES VERWENDEN SOLLTEN: Wenn Sie ohne zusätzliche Hilfe einen Rocksaum markieren möchten, ermöglicht die Kreide-Variante präzises Arbeiten.

HERA MARKER

WAS ES IST: Kleines Handwerkzeug aus Kunststoff zum kurzzeitigen Markieren.

WAS ES KANN: Eigentlich markiert es nichts, sondern produziert eine Falzlinie, die wie eine Markierung verwendet werden kann.

WARUM SIE ES VERWENDEN SOLLTEN: Ideal bei sehr empfindlichen Stoffen, die während der gesamten Verarbeitung sauber gehalten werden müssen.

MESSHILFEN

MASSBAND

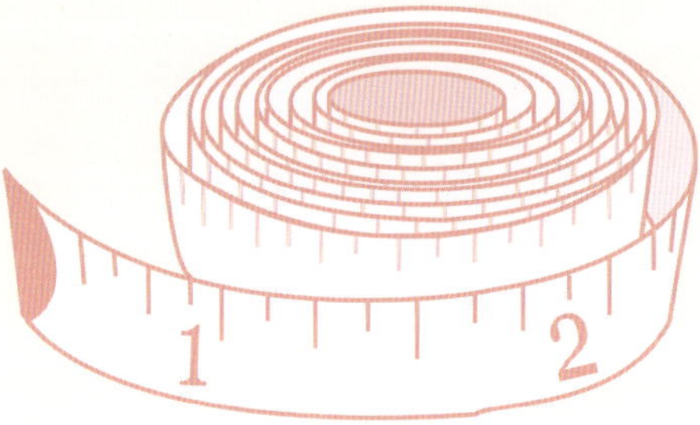

WAS ES IST: Eine lange und flexible Messhilfe, in der Regel mit einer Gesamtlänge von 150 cm und Zentimeter- und/oder Inch-Maßen auf den jeweiligen Seiten.

WAS ES KANN: Die Flexibilität erlaubt das Messen an Rundungen, z.B. am Körper für das Nähen von Kleidung.

WARUM SIE ES VERWENDEN SOLLTEN: Akkurate Körpermaße sind beim Nähen von Kleidung für die Wahl der Schnittmustergröße und der benötigten Stoffmenge entscheidend. Mit einem flexiblen Maßband geht das Maßnehmen gut von der Hand.

TRANSPARENTES LINEAL

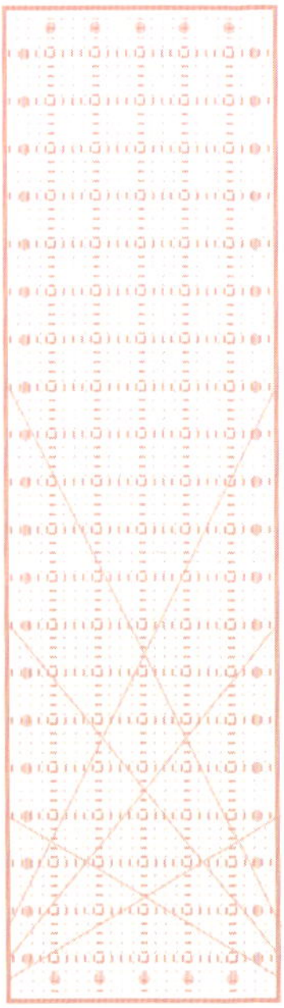

WAS ES IST: Ein durchsichtiges Kunststofflineal mit Maßeinheiten für unterschiedlichste Messaufgaben.

WAS ES KANN: Unterstützt exaktes Markieren und Maßnehmen bei fast allen Nähaufgaben.

WARUM SIE ES VERWENDEN SOLLTEN: Um Schnittmusterteile im Fadenlauf aufzulegen, Abnäher einzuzeichnen, beim Säumen und bei tausend anderen Dingen ist es wichtig, Stoff oder Schnittmuster im Blick zu haben. Eines der am häufigsten verwendeten Zubehörteile beim Nähen.

SIEHE AUCH: Fadenlauf, Seite 95

FLEXIBLER MASSEINTEILER

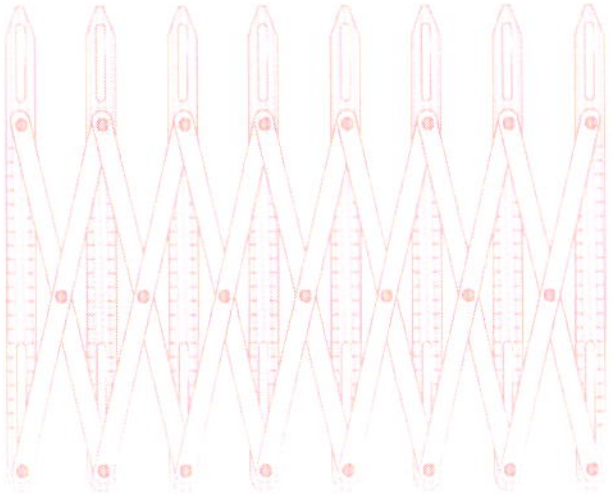

WAS ES IST: Eine Messhilfe aus Metall, die wie ein Akkordeon auseinandergezogen wird.

WAS ES KANN: Die beweglichen Verbindungen können auf die gewünschte Größe auseinandergezogen werden, jedes Teil wird um das gleiche Maß vergrößert.

WARUM SIE ES VERWENDEN SOLLTEN: Wenn Sie mehrere gleiche Abstände hintereinander messen müssen, wie beispielsweise bei Falten oder Knopflöchern an der Vorderseite eines Kleides oder Hemdes, ist dies eine praktische Messhilfe.

NAHTZUGABENMASS

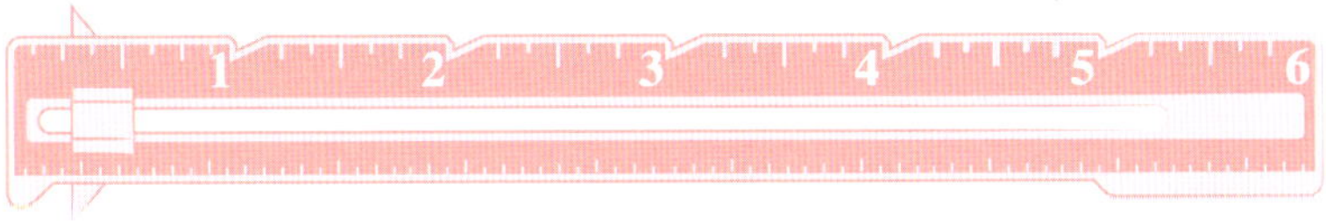

WAS ES IST: Ein kleines Metalllineal mit einem Kunststoffschieber in der Mitte, in der Regel mit einer Gesamtlänge von 15 cm, mit Zentimeter- und Inch-Angaben.

WAS ES KANN: Der Schieber kann auf das benötigte Maß verschoben werden. Zum Messen wiederkehrender Abstände oder kleinerer Detailmaße, bei denen ein herkömmliches Lineal zu groß und unhandlich wäre.

WARUM SIE ES VERWENDEN SOLLTEN: Perfekt, um sicherzustellen, dass die Abstände zwischen den Knöpfen gleichmäßig sind, zum Markieren des Drehpunktes an Ecken und Kragen und anderen Stellen, die akkurates Messen erforderlich machen.

NÄHFÄDEN

NÄHGARN

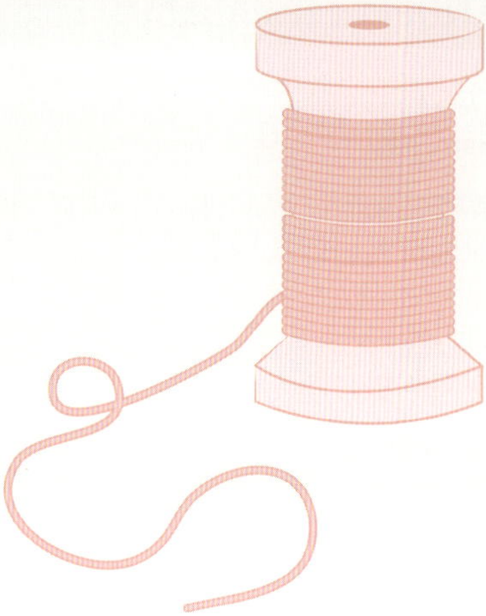

WAS ES IST: Fein gesponnener Faden, in verschiedenen Ausführungen erhältlich, für das Nähen von Hand oder mit der Maschine.

WAS ES KANN: Findet in fast allen Nähprojekten Verwendung, das Nähgarn hält Nähte zusammen, wird zum Absteppen verwendet, zum Annähen von Knöpfen und Dutzender anderer Nähaufgaben.

WARUM SIE ES VERWENDEN SOLLTEN: Nähfäden sind das entscheidende Zubehör, das ein genähtes Projekt zusammenhält. Ohne Nähgarn lässt sich ein Nähprojekt kaum fertigstellen.

NÄHGARN AUF KONEN

WAS ES IST: Eine konische Spule mit rund 3.000 m Nähfaden. In der Regel nur als reiner Baumwoll- oder Polyesterfaden erhältlich.

WAS ES KANN: Wie auch bei herkömmlichem Spulengarn hält dieser Nähfaden die Nähte zusammen.

WARUM SIE ES VERWENDEN SOLLTEN: Diese großen Spulen werden bei Industrie- und Overlockmaschinen eingesetzt, die mehr Faden verbrauchen. Kleinere Spulen können nicht auf die Garnhalterungen dieser Maschinen gesetzt werden, wie auch bei einer Nähmaschine für den Hausgebrauch keine Konen verwendet werden können.

SIEHE AUCH: Overlockmaschine, Seite 73

KNOPFLOCHFADEN

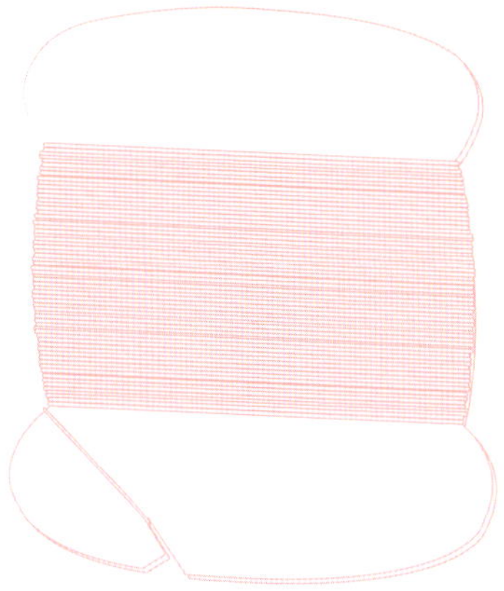

WAS ES IST: Ein robustes, 3-fädiges Garn, häufig aus Seide hergestellt.

WAS ES KANN: Beim Nähen von Knopflöchern von Hand, beim Schneidern oder anderen Aufgaben, die Strapazierfähigkeit erfordern, entsteht ein widerstandsfähiges, gleichmäßiges Ergebnis.

WARUM SIE ES VERWENDEN SOLLTEN: Dieser Faden bietet eine robuste wie hochwertige Verbindung bei kleinen Details, die nicht nur stark beansprucht werden, sondern auch als Blickfang agieren. Das Ergebnis ist ebenso ansprechend wie langlebig.

NADELEINFÄDELHILFE

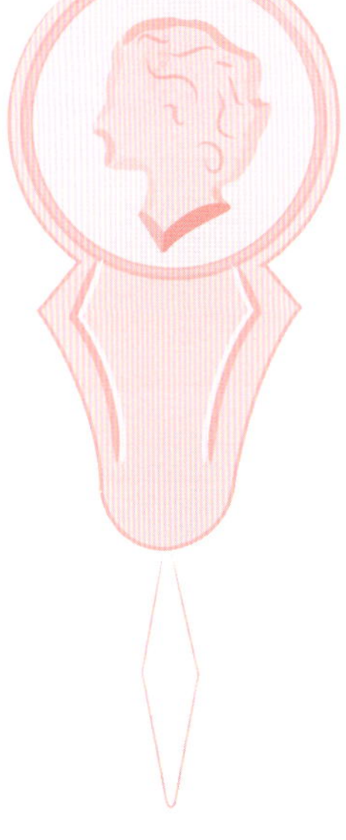

WAS ES IST: Ein kleines Werkzeug mit einer schmalen Drahtschlinge.

WAS ES KANN: Die Drahtschlinge erleichtert das Durchziehen des Fadens durch das Nadelöhr. Die Drahtschlinge wird durch das Nadelöhr, dann der Faden durch die Schlinge und schließlich die Schlinge durch das Nadelöhr zurückgezogen.

WARUM SIE ES VERWENDEN SOLLTEN: Die Nadeleinfädelhilfe hilft beim schnellen Einfädeln durch winzige Nadelöhre, wenn die Hand unruhig oder der Faden sehr instabil ist.

NADEL

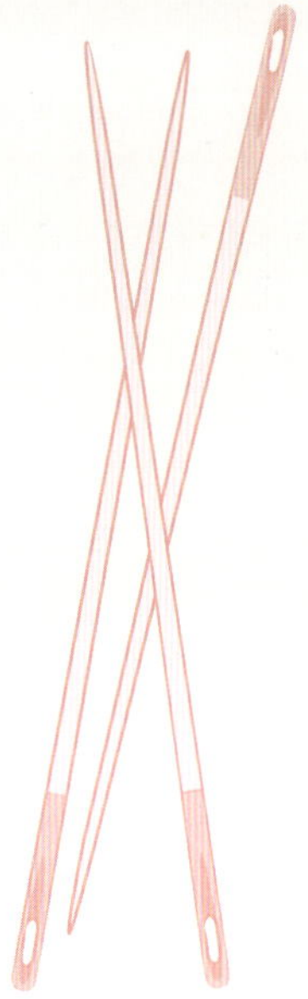

WAS ES IST: Dünne Metallnadel mit einem Nadelöhr und einer Spitze. In verschiedenen Stärken und Ausführungen erhältlich.

WAS ES KANN: Wird beim Nähen von Hand verwendet. Der Faden wird durch das Öhr gezogen, die Spitze durchsticht den Stoff und zieht den Faden durch den Stoff.

WARUM SIE ES VERWENDEN SOLLTEN: Viele Aufgaben erfordern das Nähen von Hand, z. B. das Annähen von Knöpfen, Säumen, Schließen von Nähten oder Aufnähen von Verzierugen. Je nach Stoff werden andere Nadeltypen verwendet. Berücksichtigen Sie dies bei der Auswahl der Nadel.

BIENENWACHS

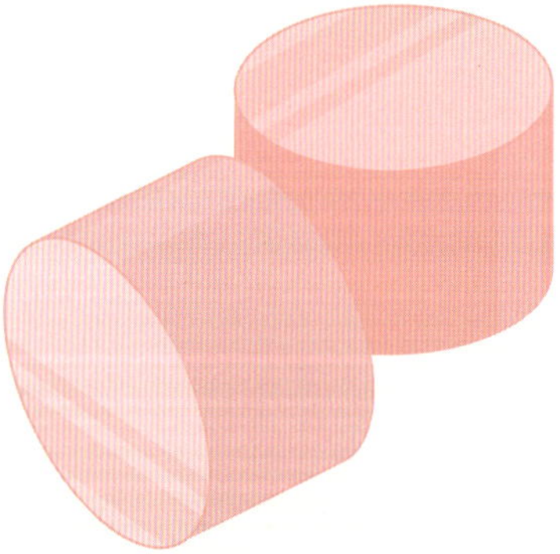

WAS ES IST: Reines Bienenwachs oder eine Mischung, in kleiner Blockform.

WAS ES KANN: Beim Nähen von Hand wird der Faden über das Wachs gezogen, um ihn widerstandsfähiger zu machen. Anschließend mit einem Tuch oder den Fingern Wachsrückstände abstreifen.

WARUM SIE ES VERWENDEN SOLLTEN: Ein gewachster Faden macht die Naht robuster und länger haltbar. Ideal für stark beanspruchte Nähte, wie etwa Knopflöcher. Prüfen Sie vorher, ob das Wachs Flecken auf dem Stoff hinterlässt.

FINGERHUT

WAS ES IST: Eine kleine Metall-, Kunststoff- oder Silikonkappe für den Finger. Erhältlich in verschiedenen Größen.

WAS ES KANN: Schützt die Fingerkuppe beim Nähen von Hand.

WARUM SIE ES VERWENDEN SOLLTEN: Wenn Sie wiederholt eine Handnähnadel durch den Stoff stechen, werden die Fingerkuppen wund. Zudem besteht die Gefahr, sich in den Finger zu stechen. Der Fingerhut schützt vor Verletzungen.

NADELKISSEN

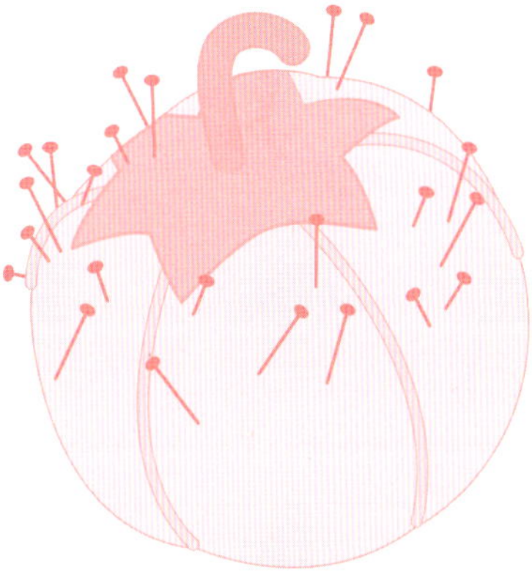

WAS ES IST: Der designierte Aufbewahrungsort für Steck- und Nähnadeln.

WAS ES KANN: Ein weiches, stoffbezogenes Kissen, in welchem Steck- und Nähnadeln eingestochen und ordentlich aufbewahrt werden können. Einige Nadelkissen sind magnetisch, sodass Metallnadeln an der Oberfläche haften.

WARUM SIE ES VERWENDEN SOLLTEN: Die Nadeln sind stets griffbereit – wichtig bei vielen Nähaufgaben. Zudem haben Nadeln scharfe Spitzen, und sie an einem Ort aufzubewahren, wenn sie nicht gebraucht werden, sorgt für Sicherheit im Haus oder Nähatelier.

STECKNADELN

GLASKOPFSTECKNADELN

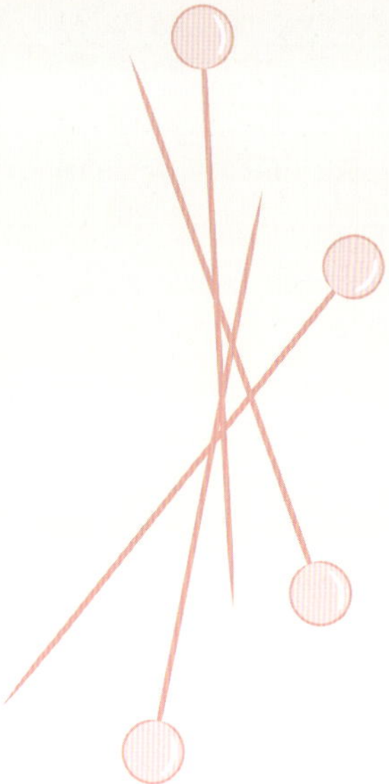

WAS ES IST: Feine Metallstecknadeln mit scharfer Spitze und Glaskopf.

WAS ES KANN: Allzweckstecknadeln zum Feststecken beim Zuschneiden, Nähen und Bügeln.

WARUM SIE ES VERWENDEN SOLLTEN: Die empfehlenswerte Stecknadelart, wenn das Nähprojekt Bügelarbeiten erfordert, da die Glasköpfe, im Gegensatz zu Plastikköpfen, beim Überbügeln nicht schmelzen.

STECKNADELN MIT KUGELSPITZE

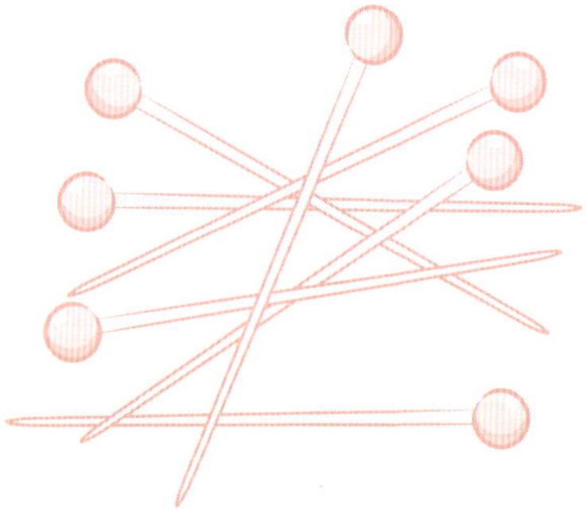

WAS ES IST: Stecknadeln mit leicht gerundeter Spitze für Strick- und Jerseystoffe.

WAS ES KANN: Zum Feststecken von Stoffen bei der Nähvorbereitung, zum Fixieren des Schnittteils auf dem Stoff beim Zuschneiden.

WARUM SIE ES VERWENDEN SOLLTEN: Die leicht gerundete Spitze verhindert das Reißen von Strick- und Jerseystoffen beim Durchstechen. Die Spitze gleitet zwischen den Fäden hindurch und beschädigt diese nicht.

QUILT-STECKNADELN

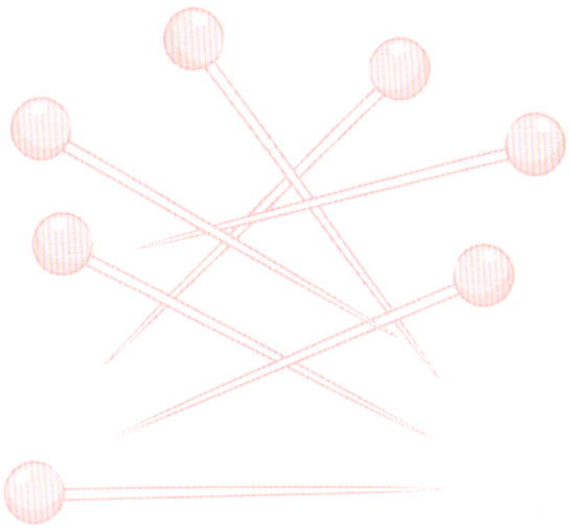

WAS ES IST: Stecknadeln mit größeren, bunten Köpfen.

WAS ES KANN: Zum Feststecken der Stofflagen beim Nähen von Blöcken oder einer Quilt-Einfassung.

WARUM SIE ES VERWENDEN SOLLTEN: Die bunten, größeren Köpfe sind gut sichtbar, auch auf farbenfrohen und gemusterten Stoffen, wie sie beim Quilten verwendet werden.

SIEHE AUCH: Quiltstich, Seite 88

SEIDEN-STECKNADELN

WAS ES IST: Sehr feine Metallstecknadeln mit Metall-, Glas- oder Plastikkopf und einer feinen, sehr spitzen Nadelspitze.

WAS ES KANN: Die filigranen Nadeln fixieren Seidenstoffe beim Zuschneiden oder Nähen.

WARUM SIE ES VERWENDEN SOLLTEN: Seide ist empfindlich, und Einstichlöcher durch zu große Nadeln lassen sich nur schwer ausbessern. Seidenstecknadeln sind so dünn, dass sie durch die feinen Seidenfasern gleiten, ohne den Stoff zu beschädigen.

SICHERHEITSNADELN

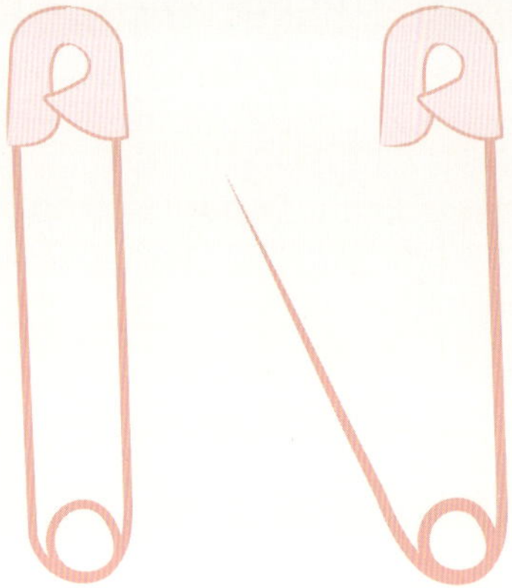

WAS ES IST: Gebogene Metallverschlüsse mit scharfer Spitze, die durch einen Federmechanismus im verdeckten Verschluss fixiert wird.

WAS ES KANN: Die Spitze durchsticht den Stoff, im geschlossenen Zustand wird die Nadelspitze durch den Verschluss verdeckt.

WARUM SIE ES VERWENDEN SOLLTEN: Zum provisorischen Feststecken von Stofflagen, etwa beim Heften von Quiltstoffen, oder als Stecknadelersatz, wenn diese zu Verletzungen führen könnten.

DRUCKKNÖPFE

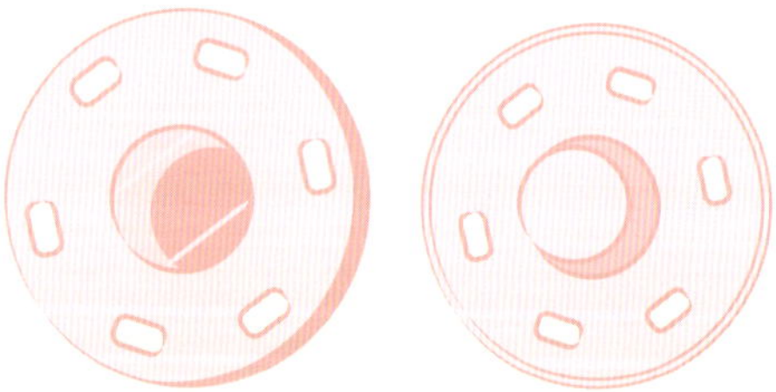

WAS ES IST: Verschlüsse mit einer Vertiefung und einem Köpfchen, die fest miteinander verbunden werden.

WAS ES KANN: Eine Seite wird auf einen Stoff genäht oder durch Druck fixiert, das Gegenstück an einem zweiten Stück Stoff befestigt. Beim Zusammendrücken schließt sich der Druckknopf.

WARUM SIE ES VERWENDEN SOLLTEN: Können als unsichtbarer Verschluss auf der Kleidungsinnenseite verwendet werden, dekorative Druckknöpfe auch anstelle herkömmlicher Knöpfe. Ideal für Kinder oder ältere Menschen, die sich mit Knöpfen schwer tun.

LOCHKNÖPFE

WAS ES IST: Flache Knöpfe mit zwei oder mehr Löchern zum Durchnähen.

WAS ES KANN: Verschließen in Verbindung mit Knopflöchern zwei oder mehr Verschlusskanten.

WARUM SIE ES VERWENDEN SOLLTEN: Im Gegensatz zum Ösenknopf liegt der Lochknopf dicht am Stoff und ist daher gut geeignet für leichte oder mittelschwere Stoffe. Bei schweren Stoffen oder Jacken ist es empfehlenswert, einen Fadensteg zu arbeiten, der für genügend Abstand zur Stoffoberfläche sorgt.

ÖSENKNÖPFE

WAS ES IST: Knöpfe mit dekorativen Oberteil und einem Steg oder einer Öse aus Metall oder Kunststoff auf der Unterseite.

WAS ES KANN: Funktionieren wie andere Knöpfe auch, jedoch sorgt der Steg für ausreichend Abstand zum Stoff.

WARUM SIE ES VERWENDEN SOLLTEN: Bei schweren Stoffqualitäten, z.B. einer Jacke, sorgt der Steg für genügend Abstand zur Stoffoberfläche, dies erleichtert das Auf- und Zuknöpfen.

STANDARD-REISSVERSCHLUSS

WAS ES IST: Reißverschluss mit Zähnchen auf der Oberseite beider Teile, die mit einem Schieber ineinander verhakt werden.

WAS ES KANN: Dient als leicht zu öffnender Verschluss bei Kleidung, Taschen, Gepäck und anderen Dingen.

WARUM SIE ES VERWENDEN SOLLTEN: Viele Nähprojekte werden mit einem Reißverschluss verschlossen. Im Gegensatz zum verdeckten Reißverschluss ist ein herkömmlicher Reißverschluss sichtbar, kann jedoch unter einer Stoffkante versteckt werden.

NAHTFEINER REISSVERSCHLUSS

WAS ES IST: Ein Reißverschluss mit verdeckten Zähnchen auf der Unterseite des Bandes.

WAS ES KANN: Beim Einnähen in eine Naht ergibt sich ein ordentlich aussehender Verschluss, da auf der linken Seite direkt neben den Zähnchen genäht wird. Die Steppnaht ist auf der rechten Stoffseite nicht sichtbar.

WARUM SIE ES VERWENDEN SOLLTEN: Im Gegensatz zum Standard-Reißverschluss sind beim nahtfeinen Reißverschluss die Steppnähte nicht sichtbar, so ist er gut geeignet für Seiten- oder Mittelnaht bei Kleidern, Röcken oder Hosen.

METALLREISSVERSCHLUSS

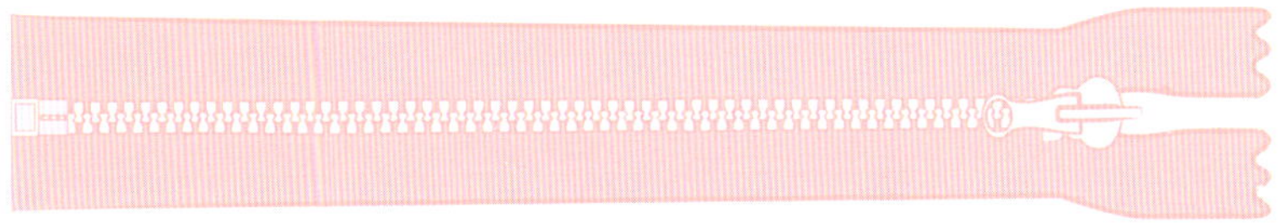

WAS ES IST: Standard-Reißverschluss, jedoch mit Schieber, Stopper und Zähnchen aus Metall anstelle von Nylon oder Kunststoff.

WAS ES KANN: Zum Verschließen von Kleidung und Accessoires. Ein Metallreißverschluss funktioniert wie ein Standard-Reißverschluss.

WARUM SIE ES VERWENDEN SOLLTEN: Ist der Reißverschluss sichtbar, setzt ein Metallreißverschluss dekorative Akzente. Zudem ist er strapazierfähig und damit ideal für Hosen, Gepäck und Taschen.

TEILBARER REISSVERSCHLUSS

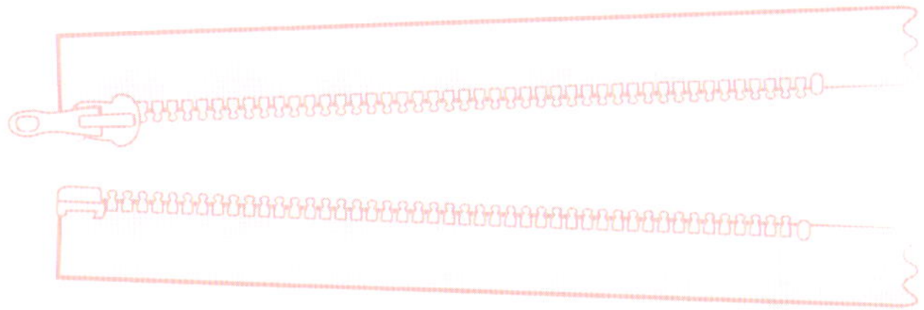

WAS ES IST: Reißverschluss mit einem Schieber und zwei separaten Stoppern an den unteren Enden.

WAS ES KANN: Kann am unteren Ende getrennt werden, sodass sich der Reißverschluss vollständig teilen lässt.

WARUM SIE ES VERWENDEN SOLLTEN: Wird eine durchgehende Öffnung benötigt und sind Knöpfe keine praktische Alternative, ist dies ein idealer Verschluss. Perfekt für Projekte wie Jacken und einige Taschenformen.

HAKEN UND ÖSEN

WAS ES IST: Zweiteiliger Verschluss aus Metall, in der Regel in Schwarz, Silber oder Gold erhältlich.

WAS ES KANN: Der in J-Form gebogene Haken und das runde Auge werden ineinander verhakt, um eine Öffnung zu verschließen.

WARUM SIE ES VERWENDEN SOLLTEN: Gut geeignet für kleinere Öffnungen, z.B. an der Taille, über Reißverschlüssen bei Kleidern und Oberteilen oder anderen kleinen Öffnungen, die nur leichter Zugkraft standhalten müssen.

HOSEN- UND ROCKHAKEN

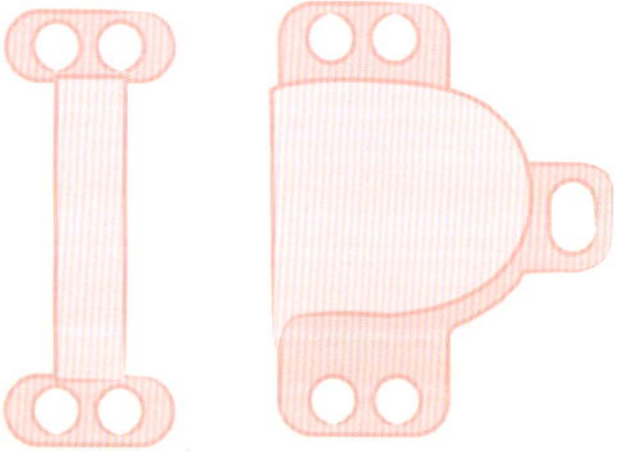

WAS ES IST: Zweiteiliger Verschluss aus Metall mit einer flachen Öse und einem Steg mit zwei abgeflachten Enden.

WAS ES KANN: Die Hakenseite wird zum Verbinden beider Teile unter die Öse geschoben. Wird in der Regel bei überlappenden Stoffkanten als Zweitverschluss über einem Reißverschluss verwendet.

WARUM SIE ES VERWENDEN SOLLTEN: Der flache Taillenbundverschluss trägt nicht auf und ist damit oft besser geeignet als herkömmliche Haken und Ösen. Das flache Design sorgt für glatte, gleichmäßige Konturen z.B. bei Röcken und Hosen.

KLETTBANDVERSCHLUSS

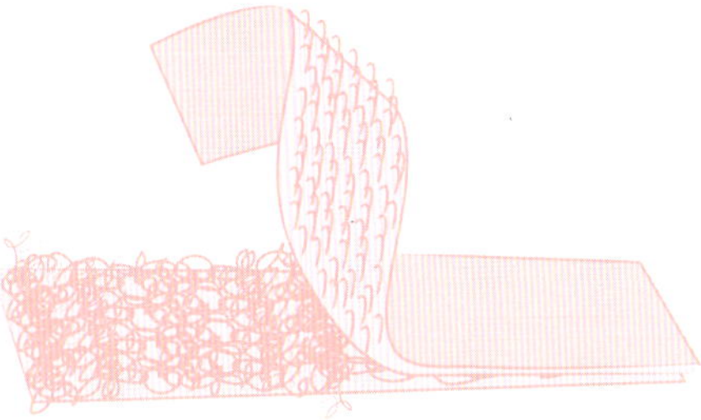

WAS ES IST: Verschluss aus Nylon- oder Polyesterband, mit einer flauschigen und einer Häkchenseite. Erhältlich in verschiedenen Ausführungen als selbstklebendes Band oder zum Aufnähen.

WAS ES KANN: Die Häkchen verbinden sich mit der flauschigen Seite und bilden so den Verschluss.

WARUM SIE ES VERWENDEN SOLLTEN: Gut geeignet für Nähprojekte, die einfaches Öffnen oder Verschließen erfordern, z.B. Geldbörsen, Schuhe und Kinderkleidung.

GUMMIBAND

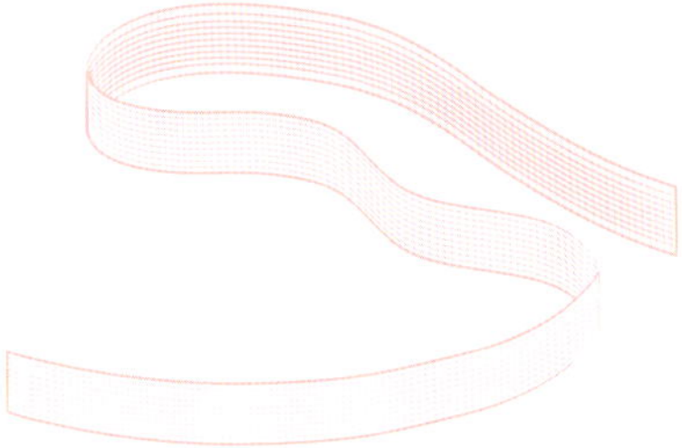

WAS ES IST: Ein elastisches Band, in verschiedenen Ausführungen, Breiten und Farben erhältlich.

WAS ES KANN: Zur Verwendung bei Kleidung, z.B. am Taillenbund oder bei Ärmelabschlüssen. Der Stoff dehnt sich dadurch an den Körperkonturen.

WARUM SIE ES VERWENDEN SOLLTEN: Wenn kein Reiß- oder Knopfverschluss vorgesehen ist, das Kleidungsstück sich jedoch der Körperform anpassen soll, ist Gummiband eine gute Wahl. Es akzentuiert die Taille, verleiht dem Kleidungsstück jedoch genügend Weite zum An- und Ausziehen.

ÄRMELBRETT

WAS ES IST: Ein zweiseitiges Mini-Bügelbrett, meist gepolstert und mit Baumwollstoff bezogen.

WAS ES KANN: Ermöglicht das Bügeln einer einzelnen Stofflage und schlauchartige Partien bei Stücken, die nicht über ein Bügelbrett geschoben werden können.

WARUM SIE ES VERWENDEN SOLLTEN: Ideal beim Bügeln von Ärmeln und kleineren Stücken, die über den Bügelarm geschoben werden können, sodass sich Ober- und Unterseite des Stücks getrennt bügeln lassen und sich keine Falten bilden.

BÜGELKISSEN

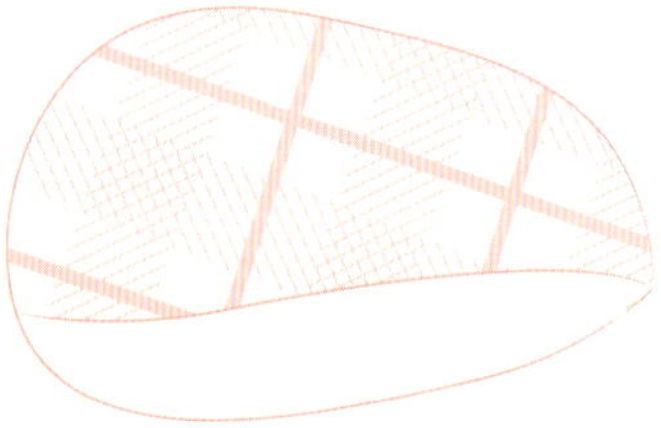

WAS ES IST: Ein ovales, fest gestopftes Polster. Oft ist eine Seite mit Baumwollstoff bezogen, die Rückseite mit einem Wollstoff.

WAS ES KANN: Zum Bügeln gerundeter Nähte bei Kleidungsstücken.

WARUM SIE ES VERWENDEN SOLLTEN: Ist bereits ein Abnäher gesteckt oder die Armkugel geformt, wird das Projekt dreidimensional und kann nicht mehr flach liegend gebügelt werden. Das Bügelkissen füllt das genähte Stück auf, passt sich Rundungen an und erleichtert somit das Bügeln.

NAHTROLLE

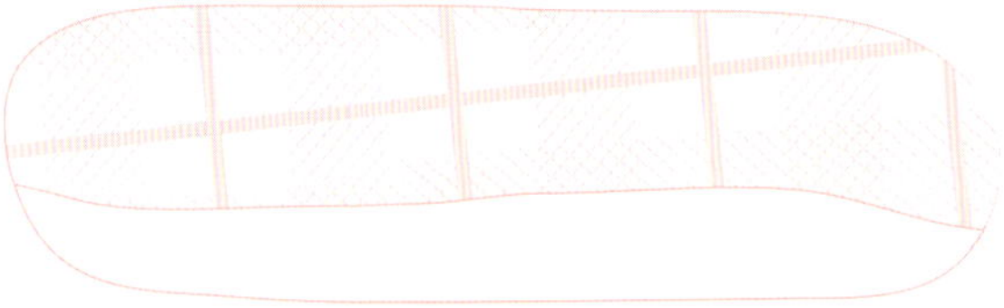

WAS ES IST: Eine fest gestopfte Rolle, meist auf einer Seite mit Wolle, auf der anderen mit Baumwolle bezogen.

WAS ES KANN: Ähnlich wie das Bügelkissen formfüllend, etwa bei Ärmeln, sodass jede Stoffschicht einzeln gebügelt werden kann.

WARUM SIE ES VERWENDEN SOLLTEN: Verhindert Bügelspuren durch Nähte. Eine Nahtrolle wirkt wie ein Puffer zwischen den Stoffschichten, sodass nur die Oberseite des Stücks gebügelt wird.

BÜGELHANDSCHUH

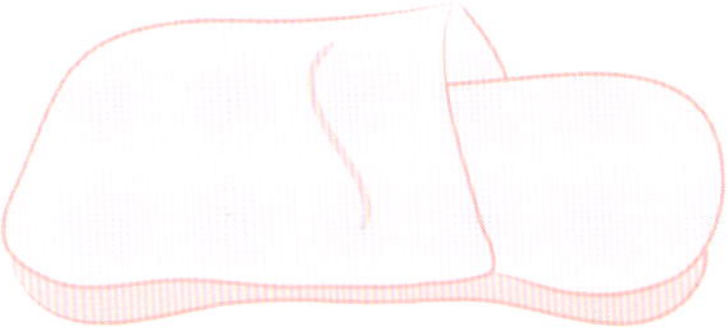

WAS ES IST: Ein wattierter Handschuh zur Verwendung beim Bügeln.

WAS ES KANN: Der Hitzeschutz schützt die Hand beim Bügeln.

WARUM SIE ES VERWENDEN SOLLTEN: Mit einem Bügelhandschuh können die Finger nahe am Bügeleisen arbeiten, das erleichtert das Bügeln kleinerer und schwer erreichbarer Stellen.

BÜGELAMBOSS

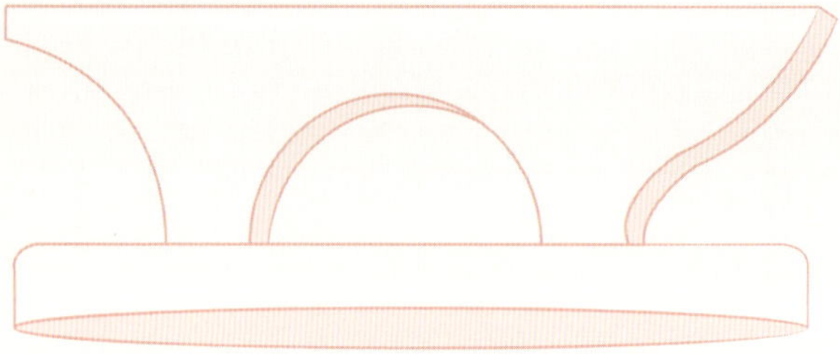

WAS ES IST: Eine Bügelhilfe aus massivem Holz.

WAS ES KANN: Stellen Sie den Bügelamboss auf das Bügelbrett, ziehen Sie das Bügelstück über den Arm des Ambosses. Nun können Sie mit dem Bügeleisen kleine Partien und Ecken bügeln.

WARUM SIE ES VERWENDEN SOLLTEN: Erleichtert das Bügeln schwer erreichbarer Stellen oder in vernähten Ecken, z.B. an einem Revers, Kragen, Taschen oder Manschetten.

BÜGELHOLZ

WAS ES IST: Eine Bügelhilfe aus Holz, die das Bügeln während der Konstruktion und beim Schneidern erleichtert.

WAS ES KANN: Zum Glätten oder Einarbeiten von Falten nach dem Dämpfen, ohne das Risiko, den Stoff mit dem Bügeleisen zu beschädigen.

WARUM SIE ES VERWENDEN SOLLTEN: Sorgt für ein flaches, gleichmäßiges Ergebnis auch bei dicken oder sich kreuzenden Nähten oder zum Einbügeln von Falten bei Hosen. Hilfreich beim Auseinanderbügeln von Nähten oder wenn das Bügeleisen möglichst wenig Kontakt mit dem Stoff haben soll.

NADELBRETT

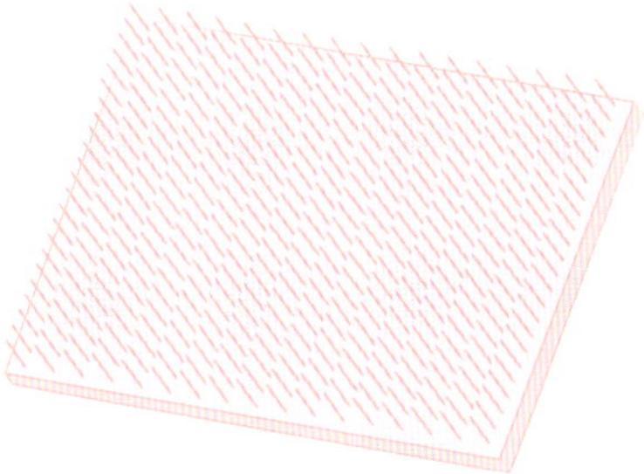

WAS ES IST: Ein Holzbrett mit eng gesetzten, stumpfen, dünnen, kurzen Drahtnadeln.

WAS ES KANN: Zum Bügeln von Florstoffen. Florstoff mit der Oberseite auf das Nadelbrett legen. Höchste Dampfstufe am Bügeleisen einstellen, das Bügeleisen bei gedrückter Dampftaste über den Stoff halten. Das Bügeleisen darf den Stoff nicht berühren, den Stoff nur mit einigem Abstand abdampfen.

WARUM SIE ES VERWENDEN SOLLTEN: Die Nadeln verhindern, dass der Flor des Stoffs (z.B. Samt) beim Bügeln flach gedrückt wird.

BÜGELTUCH

WAS ES IST: Ein Stoffstück oder Stoffrest, beim Bügeln als schützende Zwischenschicht verwendet.

WAS ES KANN: Zum Schutz des Bügeleisen, Bügelbretts oder des Stoffs selbst.

WARUM SIE ES VERWENDEN SOLLTEN: Schützen Sie das Bügelbrett mit einem Bügeltuch beim Bügeln von Vlieseinlagen, oder legen Sie es auf empfindlichen Stoff, um glänzende Bügelspuren z.B. an den Nähten zu verhindern.

NAHTTRENNER

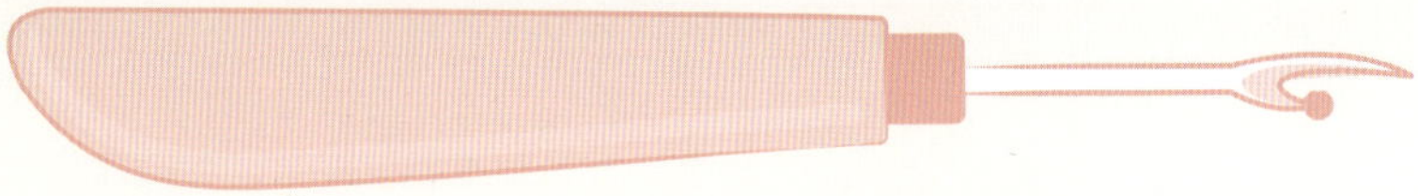

WAS ES IST: Ein handliches Accessoire mit Haken, scharfer Klinge und Kugelspitze.

WAS ES KANN: Der Haken hebt den Stich an, sodass die Klinge ihn durchtrennen kann.

WARUM SIE ES VERWENDEN SOLLTEN: Zum Entfernen von Heftstichen oder eines Fadens bei Fehlstichen, ohne die Gefahr, dabei den Stoff zu beschädigen.

ECKEN- UND KANTENFORMER

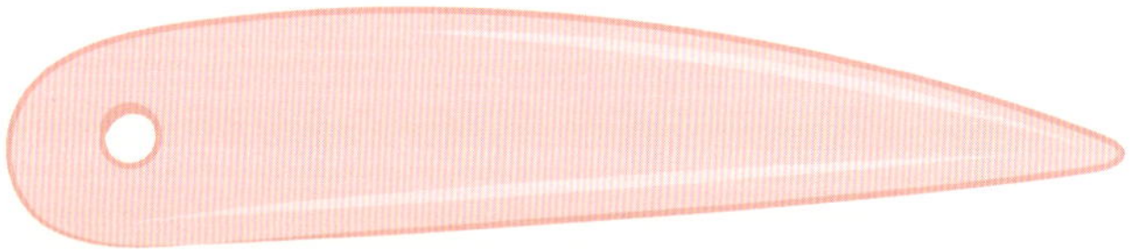

WAS ES IST: Zubehör aus Kunststoff oder Holz mit einem gerundeten und einem spitzen Ende.

WAS ES KANN: Die Spitze erleichtert das Herausschieben genähter Ecken. Mit der Rundung lässt sich der Stoff an gerundeten Nähten mühelos ausformen.

WARUM SIE ES VERWENDEN SOLLTEN: Es kommt häufig vor, dass Sie den Stoff an einer Naht herausschieben müssen. Um weder Stoff noch Stiche zu beschädigen, ist ein gerundetes und glattes Hilfsmittel am besten geeignet.

KLEMMNADEL

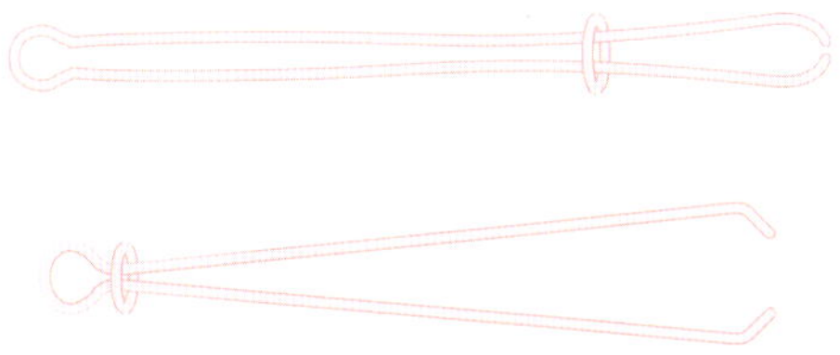

WAS ES IST: Kleines Zubehör aus Metall, ähnlich einer Pinzette, mit einem Metallring zum Öffnen und Schließen.

WAS ES KANN: Wird der Ring verschoben, öffnet sich die Nadel. Nun kann ein Elastik- oder Durchzugsband eingeklemmt und durch einen Stofftunnel o.Ä. gezogen werden.

WARUM SIE ES VERWENDEN SOLLTEN: Die kleine und schmale Klemmnadel passt durch jeden Stofftunnel. Falls sie sich dabei öffnet, lässt sie sich, im Gegensatz zu Sicherheitsnadeln, leicht aus dem Stofftunnel herausziehen.

WENDEWERKZEUG

WAS ES IST: Ein hohler Metallstab mit einem Kunststoffring an einer Öffnung, einem dünnen Draht mit Griff und einer kleinen Drahtschlaufe. Erhältlich in verschiedenen Durchmessern.

WAS ES KANN: Der Metallstab wird in den auf links gedrehten Stoffschlauch geschoben, der Draht hindurchgezogen und am Stoff befestigt. Beim Durchziehen des Drahts wird der Stoff auf rechts gewendet.

WARUM SIE ES VERWENDEN SOLLTEN: Praktisch vor allem bei Stoffschläuchen mit einer Breite von 2,5 cm oder schmaler, für Henkel, Spaghettiträgern bei Kleidern, Gürtel oder andere Stoffschläuche, die auf rechts gewendet werden müssen.

AHLE

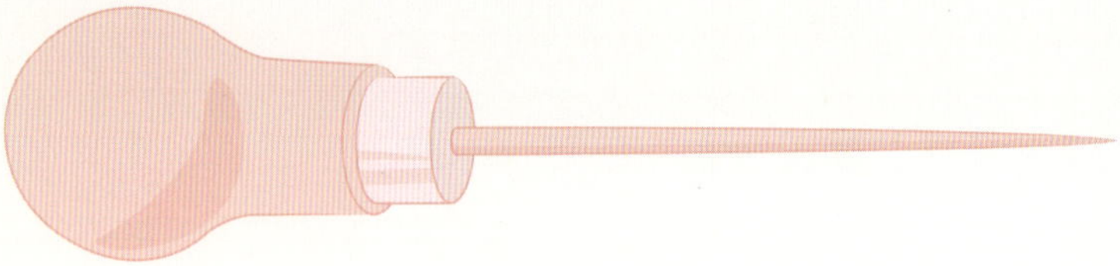

WAS ES IST: Werkzeug aus Metall- oder Holz mit spitz zulaufendem Metallstift.

WAS ES KANN: Praktisch beim Maschinennähen, um den Stoff unter die Nadel zu schieben.

WARUM SIE ES VERWENDEN SOLLTEN: Erfordert das Maschinennähen, dass Sie mit den Fingern nah an der Nadel arbeiten, z.B. beim Ausrichten des Stoffs beim Kräuseln, ist eine Ahle die sichere Alternative. Mit sehr spitzen Ahlen können Löcher in Leder- und Vinylstoffe gestanzt werden.

STICKRAHMEN

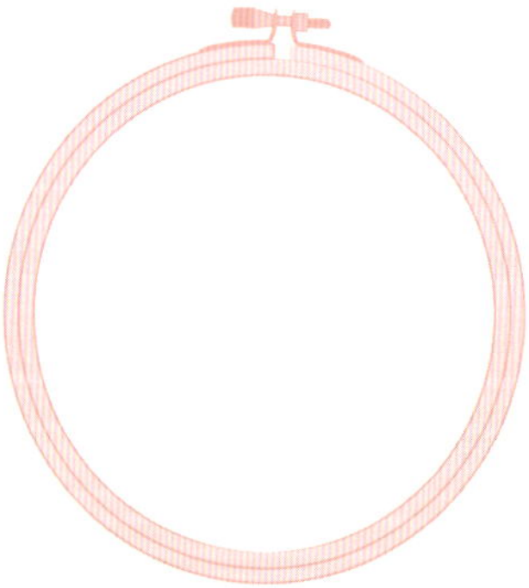

WAS ES IST: Zwei ineinandergreifende Holz- oder Kunststoffringe mit einer Feststellschraube.

WAS ES KANN: Beim Sticken wird der Stoff straff in den Rahmen gespannt, um Zierstiche oder Perlenstickerei arbeiten zu können.

WARUM SIE ES VERWENDEN SOLLTEN: Gleichmäßige Stiche bei Zierstichen oder Perlenstickereien erfordern einen straff gespannten Stoff. Die straffe Spannung erleichtert das Einstechen der Nadel.

KANTENFORMER

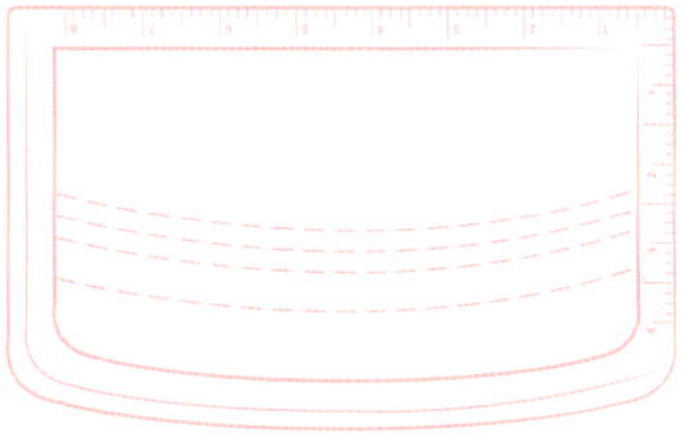

WAS ES IST: Flache Metallschablone mit Skalierung zum Falten und Bügeln des Saums.

WAS ES KANN: Das praktische Accessoire erlaubt das exakte Falten eines Stoffbereichs ohne Stecknadeln, der Stoff wird über den Kantenformer hinweg gebügelt.

WARUM SIE ES VERWENDEN SOLLTEN: Weniger aufwendig als das Messen mit dem Nahtzugabemaß und das Feststecken des Stoffs. Aufgrund seiner Größe wird der Kantenformer meist für Röcke und Kleider verwendet.

TEXTILKLEBER

WAS ES IST: Transparenter, wasserresistenter, Gel-Kleber zum Verkleben unversäuberter Stoffkanten.

WAS ES KANN: Nach dem Trocknen ist der Kleber transparent, versiegelt die Stoffkanten und verhindert ein Ausfransen.

WARUM SIE ES VERWENDEN SOLLTEN: Gut geeignet für Schnittkanten an Zierbändern, bei Vintage-Kleidung mit unversäuberten Stoffkanten, die anderweitig nicht bearbeitet werden können oder bei Projekten, die ohne Naht fertiggestellt werden sollen. Kleber vorher auf einem Stoffrest oder einer verdeckten Stelle ausprobieren.

SCHNEIDERPUPPE

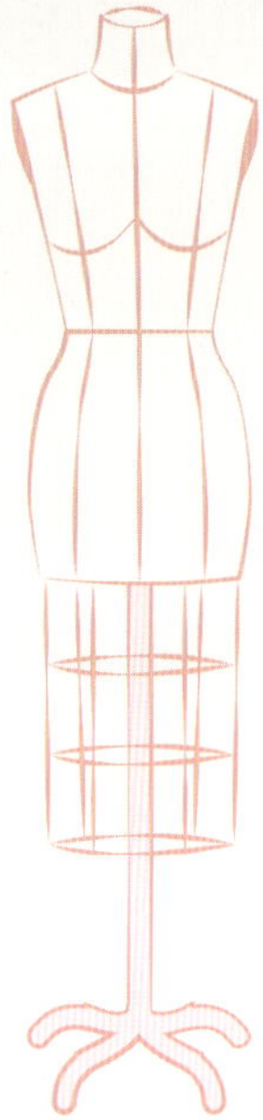

WAS ES IST: Modell eines männlichen, weiblichen oder kindsgroßen Körpers.

WAS ES KANN: Entspricht die Schneiderpuppe der eigenen Körpergröße, können Kleidungsstücke individuell angepasst werden. Zum Drapieren von Stoff beim Designen von Schnittmustern.

WARUM SIE ES VERWENDEN SOLLTEN: Es ist fast unmöglich, während des Nähprozesses Schnittteile am eigenen Körper anzupassen. Eine Schneiderpuppe erleichtert das Kreieren und Formen der Kleidung nach eigenen Wünschen.

FIXIER-GEWICHTE

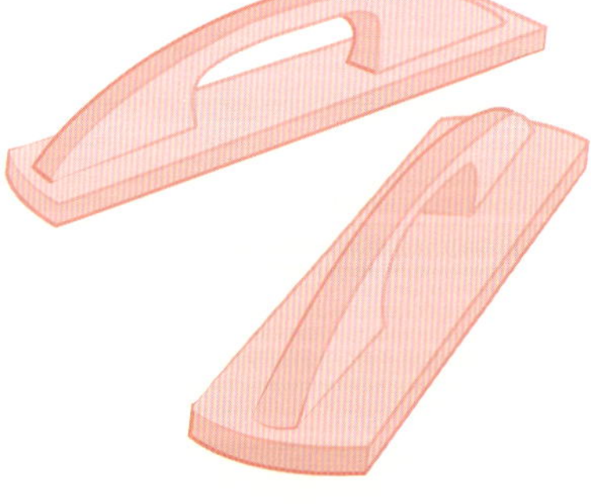

WAS ES IST: Kleine Gewichte, die beim Zuschneiden verwendet werden.

WAS ES KANN: Anstelle von Stecknadeln fixieren die Gewichte die Schnittmusterteile auf dem zu schneidenden Stoff.

WARUM SIE ES VERWENDEN SOLLTEN: Wenn Sie einen Rollschneider verwenden und den Stoff nicht verschieben möchten, können Sie diesen mit den Gewichten schnell fixieren. Die Gewichte sind auch praktisch beim Zuschneiden von Stoffen, z.B. Seide, die durch Nadeln leicht beschädigt werden.

KOPIERPAPIER

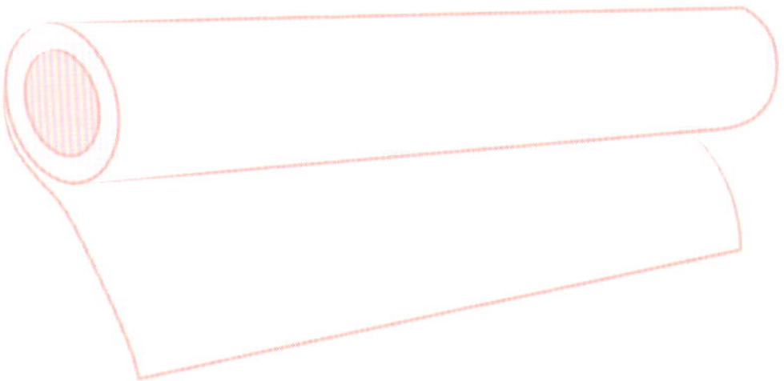

WAS ES IST: Dünnes Transparentpapier, durch welches der darunter liegende Schnittbogen sichtbar bleibt.

WAS ES KANN: Zum Übertragen von Schnittmarkierungen. Das Kopierpapier liegt auf dem Schnittbogen, die Markierungen werden auf das Kopierpapier übertragen.

WARUM SIE ES VERWENDEN SOLLTEN: Werden Schnittmarkierungen oder Schnittkorrekturen auf Kopierpapier übertragen, bleibt das Original für den weiteren Gebrauch erhalten.

KOPIERRÄDCHEN

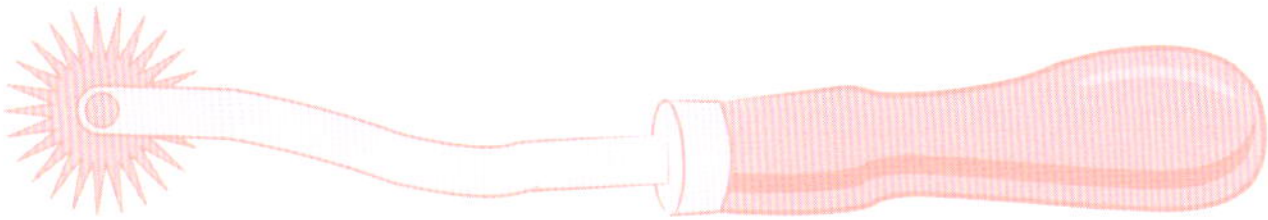

WAS ES IST: Ein kleines Werkzeug mit einem gezahnten Rädchen.

WAS ES KANN: Legen Sie Kopierpapier auf den Schnittbogen und ziehen Sie mit dem Rädchen Markierungen auf dem Kopierpapier nach. Es entstehen kleine Löcher im Papier, die mit Bleistift oder Marker nachgezogen werden können. Kann auch in Verbindung mit Durchschlagpapier verwendet werden.

WARUM SIE ES VERWENDEN SOLLTEN: Die effektivste Methode, Markierungen akkurat zu übertragen.

EINLAGEN

AUFBÜGELBARE EINLAGE

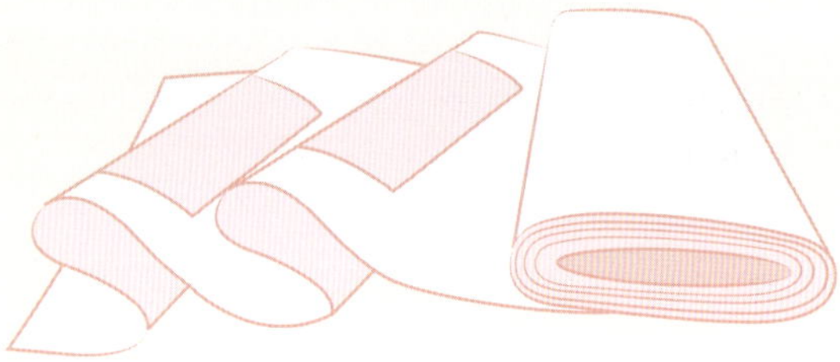

WAS ES IST: Erhältlich in verschiedenen Stärken von leicht bis schwer. Eine Seite ist mit kleinen Klebepunkten versehen.

WAS ES KANN: Wird die aufbügelbare Einlage mit der Klebeseite auf die linke Stoffseite gelegt, schmilzt der Kleber unter der Hitze und dem Druck des Bügeleisens und verbindet die Einlage dauerhaft mit dem Stoff.

WARUM SIE ES VERWENDEN SOLLTEN: Einlagen verleihen Stoffpartien Festigkeit und Volumen. Sie werden in der Regel bei Kragen, Knopfleisten, Belegen sowie bei Accessoires wie z.B. Handtaschen verwendet. Verwenden Sie die im Schnittmuster empfohlene Einlagenqualität.

EINLAGE ZUM AUFNÄHEN

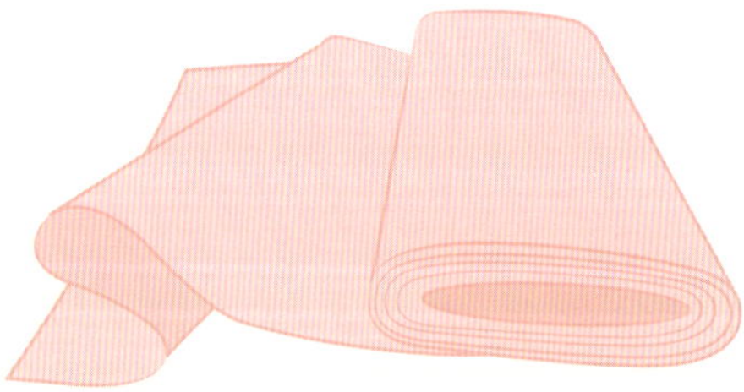

WAS ES IST: Einlagematerial zum Einnähen während der Konstruktion eines Kleidungsstücks.

WAS ES KANN: Die zusätzliche Stofflage verleiht Kleidung oder Accessoires mehr Festigkeit und Volumen.

WARUM SIE ES VERWENDEN SOLLTEN: Einlagen zum Aufnähen werden meist für Stoffe verwendet, die zu empfindlich oder schwer für Bügeleinlagen sind, z.B. feine Seide oder Anzugstoffe. Wie auch aufbügelbare Einlagen, verleiht die zusätzliche Stofflage einem Kragen, Revers oder Manschetten Formbeständigkeit.

VLIESBAND ZUM AUFBÜGELN

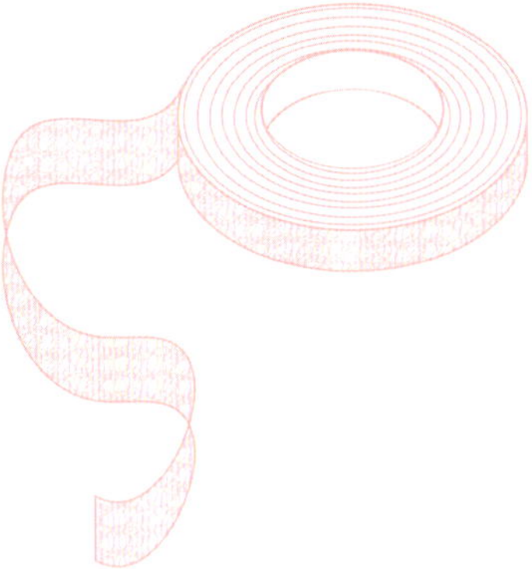

WAS ES IST: Doppelseitiges Vliesband, erhältlich in verschiedenen Breiten auf Rollen.

WAS ES KANN: Ähnlich wie doppelseitiges Klebeband verbindet das Vliesband durch Bügeln zwei Stoffe miteinander.

WARUM SIE ES VERWENDEN SOLLTEN: Mit Vliesband können Kleidungsstücke oder Heimtextilien ohne zu Nähen gesäumt werden – einfach den Stoff um das Vliesband falten und darüber bügeln.

AUFBÜGELBARES VLIES (KLEBEVLIES)

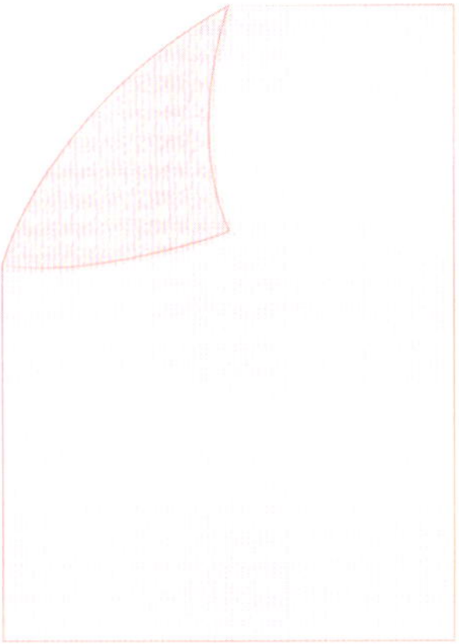

WAS ES IST: Doppelseitige Vlieseinlage zum Aufbügeln, erhältlich in verschiedenen Qualitäten.

WAS ES KANN: Die Vlieseinlage wird erst auf eine Stoffseite, dann auf die zweite aufgebügelt. Dies kann ein Stoff sein, oder verschiedene Stoffe.

WARUM SIE ES VERWENDEN SOLLTEN: Vlieseinlagen sind als Meterware erhältlich und kommen häufig bei Applikationen zum Einsatz, wenn Stoffe vor dem Nähen verbunden werden.

SIEHE AUCH: Applikationen, Seite 175

DOPPELSEITIGES KLEBEBAND

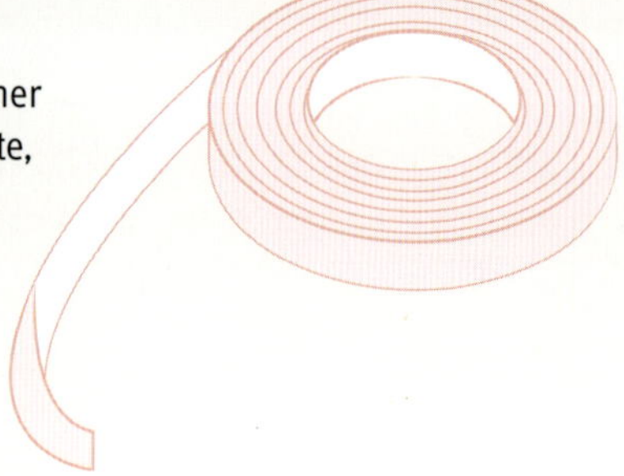

WAS ES IST: Doppelseitiges Klebeband mit einer Klebe- und einer mit Papier beschichteten Seite, erhältlich in verschiedenen Breiten.

WAS ES KANN: Verbindet zwei Stofflagen, wenn das Feststecken mit Nadeln schwierig oder nicht möglich ist.

WARUM SIE ES VERWENDEN SOLLTEN: Gut geeignet zum kurzzeitigen Fixieren, z. B. beim Vernähen eines Reißverschlusses oder der Stofflagen einer Kappnaht. Beachten Sie, dass Klebeband meist wasserlöslich ist. Wird das Band nicht ausgewaschen, kann sich eine Naht verformen.

SIEHE AUCH: Kappnaht, S. 169

WASSERLÖSLICHES STICKVLIES

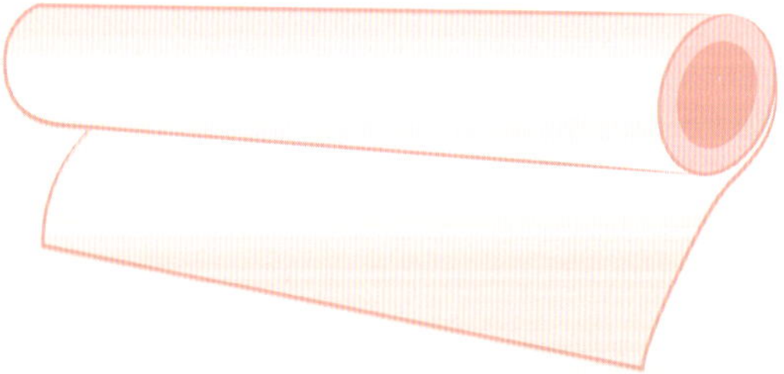

WAS ES IST: Plastikartige Folie, die sich beim Waschen auflöst.

WAS ES KANN: Das Material verleiht Stabilität beim Sticken oder beim Nähen von Stickösen in Stoff. Die Folie stützt das Stichbild, lässt sich vom umliegenden Stoff jedoch leicht auswaschen.

WARUM SIE ES VERWENDEN SOLLTEN: Feine Ziersticharbeiten ohne Stabilisatoren durchzuführen, kann sich als schwierig erweisen. Den Stoff zuvor zu stabilisieren, sorgt für ein gleichmäßiges, rückstandsfreies Stichbild.

ROSSHAAREINLAGE

WAS ES IST: Einlage, erhältlich zum Einnähen oder Aufbügeln, wird meist in der Maßschneiderei verwendet.

WAS ES KANN: Wie andere Einlagen auch verleiht diese Einlage Festigkeit und Stabilität an wichtigen Stellen der Kleidungskonstruktion, z.B. an Rocksäumen.

WARUM SIE ES VERWENDEN SOLLTEN: Beim Schneidern einer Jacke wird Rosshaareinlage am Kragen/Revers verwendet, um ein formbeständiges Ergebnis zu erzielen.

BUCKRAM-EINLAGE

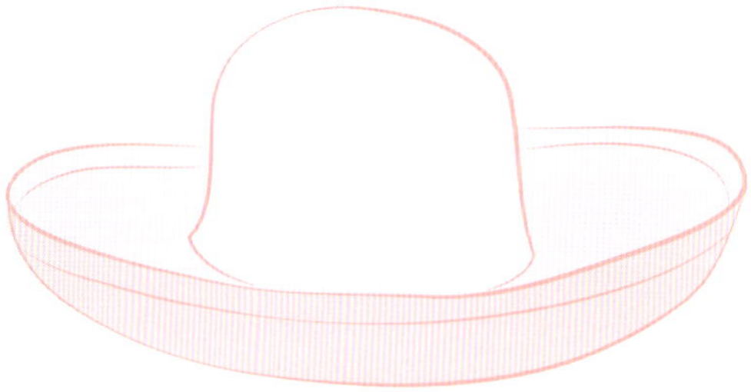

WAS ES IST: Steifes Gewebe, meist aus Baumwolle oder Leinen, in der Regel für die Hutherstellung verwendet.

WAS ES KANN: Hutmacher-Buckram wird mit Stärke behandelt, damit es in Wasser eingeweicht und zu einer Hutform verarbeitet werden kann.

WARUM SIE ES VERWENDEN SOLLTEN: Bei festen Hüten ist Buckram die Grundlage einer stabilen Hutform, die den Rest des Hutes stützt.

DOPPELSEITIGES ZIERBAND

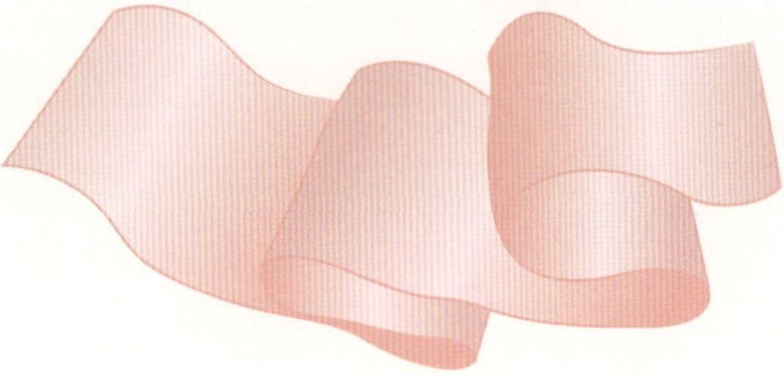

WAS ES IST: Zierband, in verschiedenen Qualitäten erhältlich, bei dem beide Seiten verarbeitet werden können. Hier gibt es keine „linke" Seite.

WAS ES KANN: Sieht aus allen Blickwinkeln dekorativ aus, im Gegensatz zu einseitigem Zierband oder Webbändern, die eine „rechte" und eine „linke" Seite aufweisen.

WARUM SIE ES VERWENDEN SOLLTEN: Gut geeignet für Stellen, an denen das Zierband von beiden Stoffseiten aus sichtbar ist. Es ist besonders dekorativ und gut geeignet für Taillenschärpen oder Haarschleifen.

EINSEITIGES ZIERBAND

WAS ES IST: Dekoratives, meist aus Synthetikfasern hergestelltes Band mit einer glänzenden „rechten" und einer stumpfen „linken" Seite.

WAS ES KANN: Verleiht dekorative Akzente, wenn nur eine Seite des Bandes sichtbar ist, beispielsweise beim Einfassen von Säumen, Halsausschnitten oder bei Accessoires.

WARUM SIE ES VERWENDEN SOLLTEN: Wenn beim Nähprojekt nicht beide Seiten sichtbar sein müssen, ist ein einfaches Band eine preiswerte Alternative. Synthetische Bänder sind etwas fester und lassen sich leichter bedrucken.

SCHRÄGBAND

WAS ES IST: Stoffstreifen unterschiedlicher Breite, die im schrägen Fadenlauf zugeschnitten sind. Meist einfach oder doppelt gefalzt erhältlich.

WAS ES KANN: Zum dekorativen Einfassen von Halsausschnitten, Säumen oder anderen Stoffkanten an Bekleidung sowie zum Versäubern von Schnittkanten.

WARUM SIE ES VERWENDEN SOLLTEN: Im schrägen Fadenlauf zugeschnitten ist das Band dehnbar und passt sich praktisch jeder Kontur an, auch engen Rundungen, daher sind Schrägbänder ideal zum Versäubern von Arm- und Halsausschnitten und gerundeten Säumen.

SCHRÄGBANDFORMER

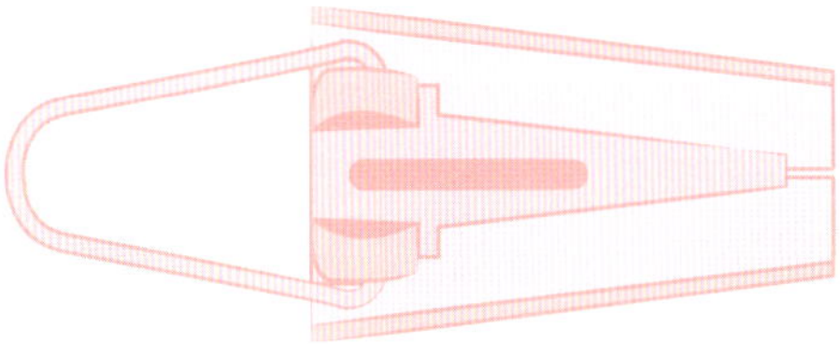

WAS ES IST: Kleines Werkzeug, in verschiedenen Größen erhältlich, zur Herstellung von Schrägbändern.

WAS ES KANN: Zugeschnittene Stoffstreifen werden beim Durchziehen durch das Gerät akkurat gefaltet. Den einfach gefalteten Streifen beim Austreten aus dem Former bügeln.

WARUM SIE ES VERWENDEN SOLLTEN: Schrägstreifen lassen sich zwar von Hand anfertigen, aber das Gerät übernimmt die einfache Falzung. Anschließend kann der Schrägstreifen der Länge nach noch einmal zu einem doppelt gefalzten Schrägband gebügelt werden.

PASPEL

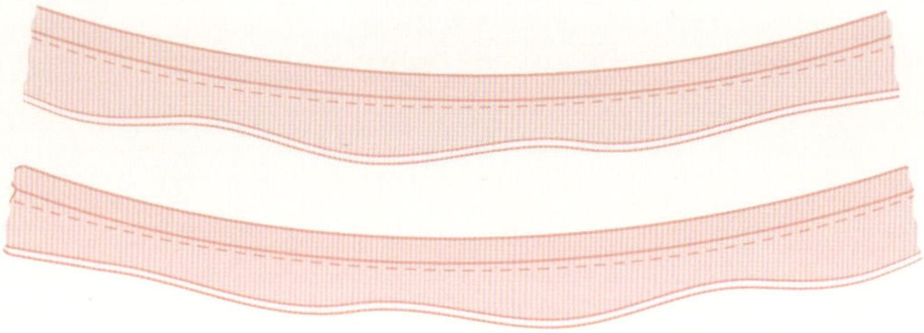

WAS ES IST: Flache Paspel werden aus Schrägband gefertigt. Schnurpaspel haben für einen plastischen Effekt eine Schnur oder Kordel eingelegt.

WAS ES KANN: Paspel dienen als dekorativer Blickfang an Nähten, Säumen oder Halsausschnitten.

WARUM SIE ES VERWENDEN SOLLTEN: Gut geeignet für Nähprojekte mit interessanten Nahtverläufen, bei denen Paspel Schnitt und Konstruktion betonen. Dieser Effekt wird vor allem bei einfarbigen Stoffen erzielt.

KORDEL

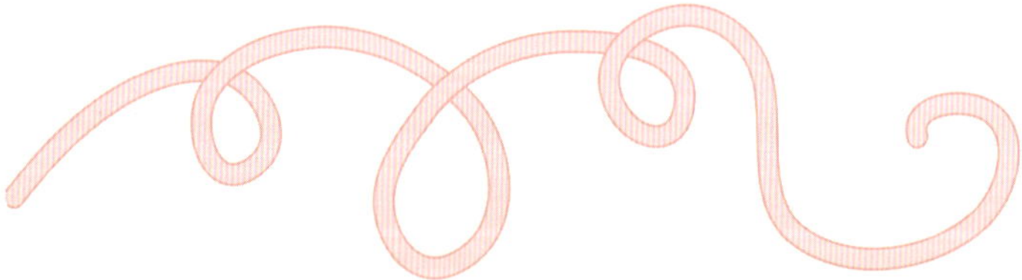

WAS ES IST: Eine Art Seil, meist aus Satin oder Seide, zur Herstellung von Schnurpaspel oder zum Aufnähen für dekorative Effekte.

WAS ES KANN: Für Schnurpaspel wird das Schrägband aufgefaltet und um die Kordel gelegt, dann knappkantig entlang der Kordel vernäht. Für dekorative Effekte wird die Kordel von Hand auf die Kleidung genäht.

WARUM SIE ES VERWENDEN SOLLTEN: Mit Kordeln lassen sich Nähprojekte individuell aufpeppen und verzieren, denken Sie nur an ein simples Sofakissen, das mit einer aufgenähten Kordel das perfekte Finish erhält.

KURZWAREN

WAS ES IST: Der Begriff bezieht sich auf jegliches Zubehör, abgesehen vom Stoff, das zur Fertigstellung eines Nähprojekts benötigt wird.

WAS ES KANN: Kurzwaren sind z.B. Reißverschlüsse, Gummibänder, Knöpfe, Verzierungen, Schrägbänder und ähnliche Dinge zum Verzieren, Vernähen von Öffnungen, zum Kräuseln, Säumen und Vervollständigen des Stoffs bzw. Nähprojekts.

WARUM SIE ES VERWENDEN SOLLTEN: Einige Kurzwaren (z.B. Verzierungen) sind optional, die meisten sind jedoch zur Fertigstellung notwendig, besonders bei Kleidung, wo z.B. Reißverschlüsse und Knöpfe entscheidender Bestandteil der Konstruktion sind.

2. KAPITEL

NADELN

UNIVERSALNADEL

WAS ES IST: Eine Maschinennähnadel mit leicht abgerundeter Spitze.

WAS ES KANN: Die Standard- oder Universalnadel kann bei Strick- und Webstoffen verwendet werden, da sie alle Stoffe durchsticht, ohne diese zu beschädigen.

WARUM SIE ES VERWENDEN SOLLTEN: Wenn Sie eine vielseitig einsetzbare Nadel griffbereit haben möchten, ist diese eine gute Wahl. Wenn möglich, sollten Sie jedoch eine auf den Stoff abgestimmte Nähnadel verwenden.

MICROTEXNADEL

WAS ES IST: Eine Maschinennähnadel mit feiner und sehr scharfer Spitze.

WAS ES KANN: Die scharfe Spitze sticht bei gewebten Stoffen durch die Fäden hindurch, ohne die Fasern zu beschädigen.

WARUM SIE ES VERWENDEN SOLLTEN: Es ist immer sinnvoll, die Nadel auf den Stoff abzustimmen, da die Nadeln für spezielle Fasern und Webarten konzipiert wurden. Die Microtexnadel ist am besten für gewebte Stoffe geeignet.

KUGELSPITZENNADEL (JERSEYNADEL)

WAS ES IST: Eine Maschinennähnadel mit leicht abgerundeter Spitze.

WAS ES KANN:Die gerundete Spitze gleitet beim Nähen von Strickwaren, Jersey und elastischen Stoffen sanft zwischen den Gewebefäden hindurch.

WARUM SIE ES VERWENDEN SOLLTEN: Die Kugelspitze verhindert das Ziehen oder Beschädigen von Gewebefäden, sodass kein Loch entsteht oder sich das Gestrickte auftrennen könnte.

LEDERNADEL

WAS ES IST: Eine Maschinennähnadel mit geschliffener Schneidespitze.

WAS ES KANN: Die scharfe Spitze durchsticht dichte Fasern und nicht-faserhaltige Materialien wie z.B. Leder und Vinyl.

WARUM SIE ES VERWENDEN SOLLTEN: Nadeln mit glattem, schmal zulaufendem Schaft haben weniger Einstichkraft, die Ledernadel ist dank ihrer speziellen Form deshalb gut für dickeres Material geeignet.

ZWILLINGSNADEL

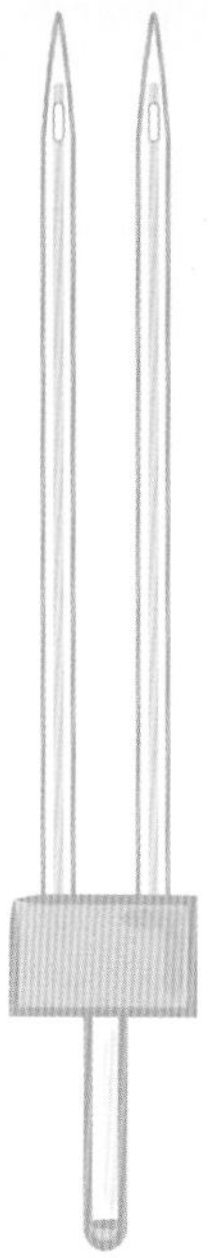

WAS ES IST: Eine Maschinennähnadel mit zwei Nadelspitzen, deren Öhr sich nah an der Spitze befindet.

WAS ES KANN: Bei Zwillingsnadeln ist ein zweiter Garnrollenhalter erforderlich, da beide Nadeln gleichzeitig einstechen und zwei Nahtlinien mit einem Zickzackstich auf der Unterseite arbeiten.

WARUM SIE ES VERWENDEN SOLLTEN: Zwillingsnadeln kommen vor allem bei dekorativen Arbeiten zum Einsatz. Sie sind ideal zum Säumen dehnbarer Stoffe mit herkömmlichen Nähmaschinen, da die Nähte ein Dehnen des Stoffs erlauben.

AUFBAU DER NADEL

SCHAFT

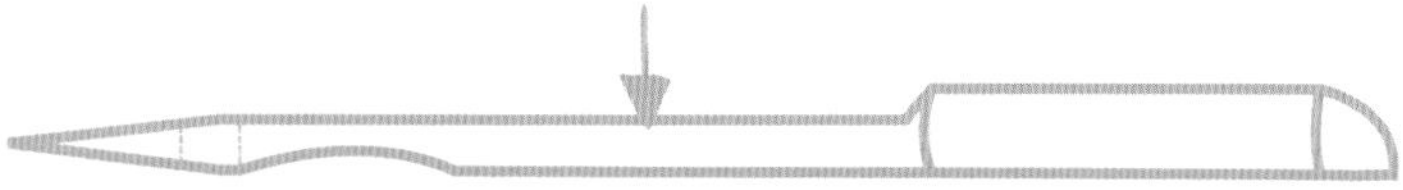

WAS ES IST: Teil der Maschinennähnadel zwischen Kolben und Nadelöhr.

WAS ES KANN: Der Schaftdurchmesser bestimmt die Nadelstärke.

WARUM SIE ES VERWENDEN SOLLTEN: Es ist immer wichtig, die korrekte Nadelstärke für das jeweilige Nähprojekt zu verwenden. Prüfen Sie die am Kolben angegebene Nadelstärke, um eine kleine Nadelstärke für einen feinen Stoff zu wählen – und umgekehrt.

KOLBEN

WAS ES IST: Der obere Teil der Maschinennähnadel. Nadeln für den Hausgebrauch haben eine flache und eine runde Kolbenseite.

WAS ES KANN: Durch die Kolbenform wird sichergestellt, dass die Nadel immer korrekt eingesetzt wird.

WARUM SIE ES VERWENDEN SOLLTEN: Beim Nähen mit der Nähmaschine ist die Nadel ein wichtiger Bestandteil. Viele Nadeln sind universell einsetzbar, prüfen Sie jedoch beim Nadelkauf, ob diese mit der jeweiligen Nähmaschine kompatibel sind.

NADELÖHR

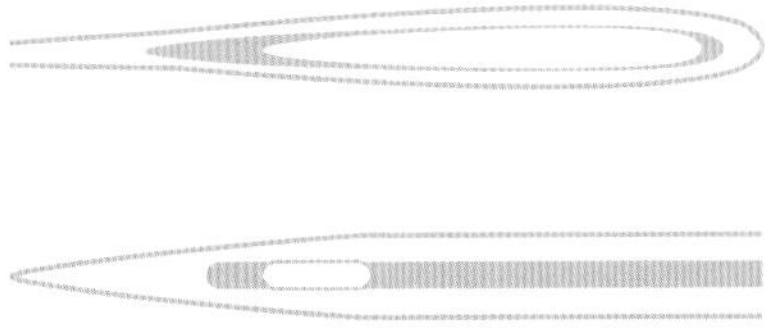

WAS ES IST: Bei einer Handnähnadel befindet sich das Öhr am entgegengesetzten Ende der Nadelspitze (oben). Bei einer Maschinennähnadel ist das Öhr am selben Ende wie die Spitze (unten).

WAS ES KANN: Der Faden wird beim Nähen durch das Öhr transportiert.

WARUM SIE ES VERWENDEN SOLLTEN: Ganz einfach ausgedrückt: Ohne Faden im Nadelöhr kann nichts genäht werden!

FADENRINNE

WAS ES IST: Eine feine Rinne entlang des Maschinennadelschafts.

WAS ES KANN: Die Fadenrinne führt den Faden zum Nadelöhr.

WARUM SIE ES VERWENDEN SOLLTEN: Ist der Nähfaden korrekt eingefädelt, wird dieser automatisch in der Rinne entlanggeführt.

NADELSPITZE

WAS ES IST: Teil der Maschinennähnadel nahe des Öhrs.

WAS ES KANN: Form und Größe der Nadelspitze entsprechen dem Nadeltyp und der Nadelstärke.

WARUM SIE ES VERWENDEN SOLLTEN: Die Nadelspitze sollte passend zum Stoff gewählt werden. Strickwaren erfordern eine abgerundete Nadelspitze, gewebte Stoffe müssen mit einer spitzen Nadelspitze genäht werden.

SELBSTEINFÄDELNDE NADEL (CALYX ÖHR)

WAS ES IST: Eine Nähnadel mit einer schlitzartigen Öffnung am Nadelöhr.

WAS ES KANN: Die schlitzartige Öffnung erlaubt das mühelose Einfädeln des Nähfadens.

WARUM SIE ES VERWENDEN SOLLTEN: Gut geeignet für Menschen mit Sehschwäche, denn der Faden muss nur in den Schlitz geschoben und nicht direkt durch das Ohr gefädelt werden.

PUPPENNADEL

WAS ES IST: Eine sehr lange Nadel, die beim Nähen von Puppen mit der Hand verwendet wird.

WAS ES KANN: Die lange Nadel ermöglicht das akkurate Aufnähen von Gesichtszügen bei Puppen.

WARUM SIE ES VERWENDEN SOLLTEN: Die lange Nadel ist bei Detailarbeiten an Puppenkörpern leicht zu handhaben.

APPLIKATIONSNADEL

WAS ES IST: Handnähnadel mit sehr feiner, spitzer Spitze. Erhältlich in den Größen 1-12.

WAS ES KANN: Etwas länger als herkömmliche Nadeln, zur Verwendung beim Quilten, Nähen von Kleidung, Handapplikationen, Einfassen beim Quilten und vielen anderen Aufgaben.

WARUM SIE ES VERWENDEN SOLLTEN: Vielseitig einsetzbare Allzwecknadel, als Set in unterschiedlichen Stärken für verschiedene Nähaufgaben erhältlich.

SIEHE AUCH: Applikationen, Seite 175

HEFTNADEL

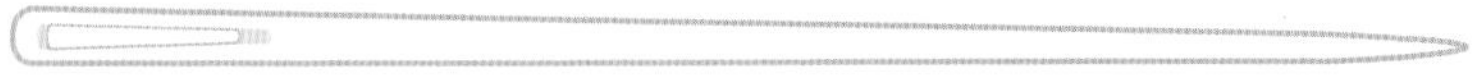

WAS ES IST: Nadel, meist mit einer Länge von 7,5 cm-9 cm.

WAS ES KANN: Diese Nadeln werden häufig beim Quilten und dem Vorbereiten von Stoffstücken fürs Quilten verwendet, aber auch beim Heften von Kleidung.

WARUM SIE ES VERWENDEN SOLLTEN: Die Nadellänge lässt das Heften schneller von der Hand gehen, da mehrere Fasern aus dem Stoff vor dem Durchziehen des Fadens aufgenommen werden können, z.B. beim Vorstich.

SIEHE AUCH: Heftstich, Seite 78; Heften, Seite 87

QUILTNADEL (BETWEENS)

WAS ES IST: Kurze, robuste Handnähnadel, erhältlich in verschiedenen Stärken.

WAS ES KANN: Die Kürze der Nadel und das kleine Öhr sind hilfreich beim Nähen von Hand, da mehrere Stoffschichten durchstochen werden können.

WARUM SIE ES VERWENDEN SOLLTEN: Das Quilten von Hand ist ein langwieriger Prozess, und eine Nadel, die mühelos mehrere Stoffschichten durchsticht, macht die Aufgabe angenehmer.

SIEHE AUCH: Quiltstich, Seite 88

CHENILLENADEL

WAS ES IST: Eine größere Handnähnadel mit großem Öhr und spitzer Spitze.

WAS ES KANN: Im großen Öhr lassen sich auch dickere Fäden wie Stickgarn oder Ziergarn einfädeln, die von Hand genäht werden sollen.

WARUM SIE ES VERWENDEN SOLLTEN: Das Nähen mit dickeren Fäden kann problematisch sein, wenn sich der Faden nicht mühelos in das Öhr einfädeln lässt. Die Öhrgröße der Chenillenadel lässt viel Raum für Kreativität.

POLSTERNADEL

WAS ES IST: Halbrund geformte Handnähnadel mit einem Öhr und einer Spitze.

WAS ES KANN: Hilfreich beim Nähen von schwer zugänglichen Stellen, an denen die Nadel eher nach oben oder unten anstatt gerade geführt werden kann.

WARUM SIE ES VERWENDEN SOLLTEN: Polsternadel erleichtern das Nähen, von Polsterstoffen bis zum Aufnähen von Perlen auf ein Kleid. Erhältlich in verschiedenen Stärken.

STICKNADEL MIT STUMPFER SPITZE

WAS ES IST: Ähnlich einer Chenillenadel, jedoch mit stumpfer, dicker Spitze und einem großen Öhr.

WAS ES KANN: Dank der robusten Ausführung häufig bei Gobelingeweben, dem Nähen mit dickeren Ziergarnen, beim Häkeln oder Stricken verwendet.

WARUM SIE ES VERWENDEN SOLLTEN: Beim Arbeiten mit dickeren Fäden lässt sich das große Öhr leicht einfädeln, die robuste Nadel verbiegt sich beim Nähen nicht.

SIEHE AUCH: Nähte, Seite 168

ZIERSTICHNADEL (PUNCH NEEDLE)

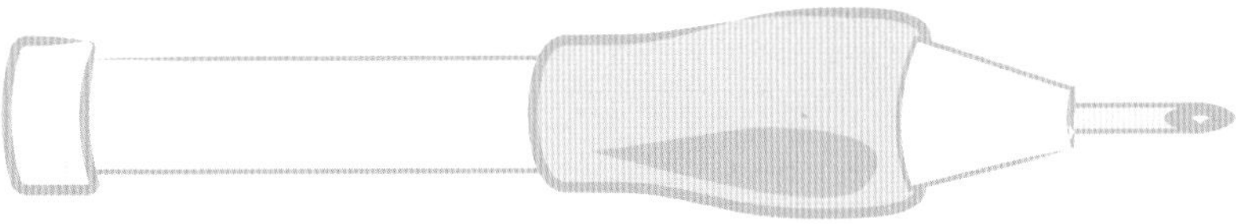

WAS ES IST: Eine Handnähnadel mit einem Griff und einem gegenüberliegenden Öhr.

WAS ES KANN: Wird die Nadel durch den Stoff gestochen, entsteht eine Fadenschlinge, sodass mit der Nadel „gemalt“ werden kann.

WARUM SIE ES VERWENDEN SOLLTEN: Eine hübsche Alternative zur Stickerei, es macht Spaß, den Stoff mit der Punch Needle zu verzieren.

3. KAPITEL

NÄHMASCHINE

HANDRAD

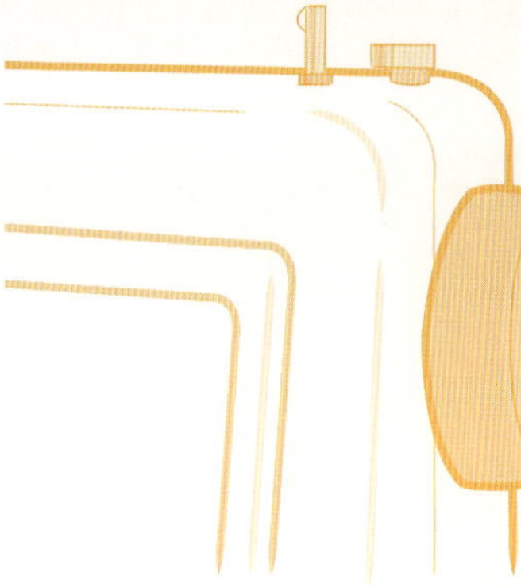

WAS ES IST: Großes Drehrad an der rechten Seite der Nähmaschine, das sich beim Nähvorgang vorwärts oder rückwärts dreht.

WAS ES KANN: Dreht sich das Handrad in Ihre Richtung, ist dies die Nähbewegung. Das Handrad dreht sich während des Nähvorgangs, kann aber auch manuell bewegt werden.

WARUM SIE ES VERWENDEN SOLLTEN: Während des Nähens müssen Sie das Handrad nicht beachten, es ist jedoch optimal zum Vernähen eines Stichs, für manuelle Vor- oder Rückwärtsstiche oder für einzelne Stiche. Die manuelle Stichbildung ist auch beim Nähen dicker Stofflagen hilfreich.

FUSSPEDAL

WAS ES IST: Das Pedal ist durch ein Kabel mit der Nähmaschine verbunden, steht in der Regel auf dem Boden und startet den Nähvorgang.

WAS ES KANN: Das Pedal hat meist ein schmaleres und eine breiteres Ende, platzieren Sie den Fuß auf dem schmalen Ende. Das Pedal kontrolliert die Nähgeschwindigkeit. Je stärker das Pedal gedrückt wird, desto schneller näht die Maschine.

WARUM SIE ES VERWENDEN SOLLTEN: Mit dem Handrad können einzelne Stiche manuell gearbeitet werden, normalerweise wird jedoch mithilfe des Pedals genäht.

DISPLAY

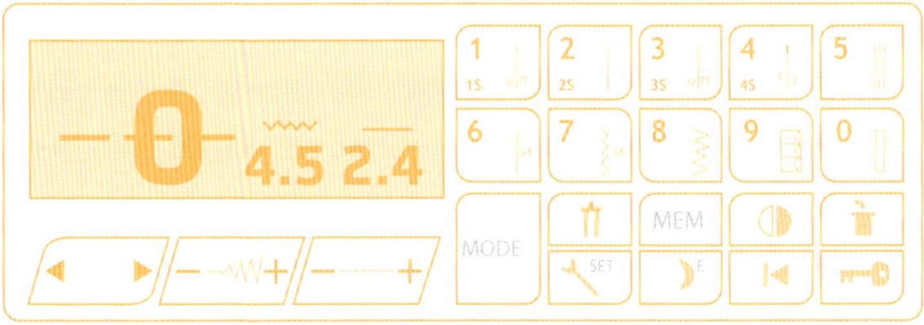

WAS ES IST: Digitalbildschirm, meist neben den Stichlängen, -breiten und Stichauswahltasten.

WAS ES KANN: Zeigt je nach Nähmaschinenmodell verschiedene Dinge an, meist werden ausgewählte Stiche, ihre Länge und Breite angezeigt.

WARUM SIE ES VERWENDEN SOLLTEN: Verfügt Ihr Modell über ein Display, werden Sie es automatisch nutzen. Hat die Maschine kein Display, ist es eine mechanische Nähmaschine ohne elektronische Funktionen.

STICHAUSWAHLTASTEN

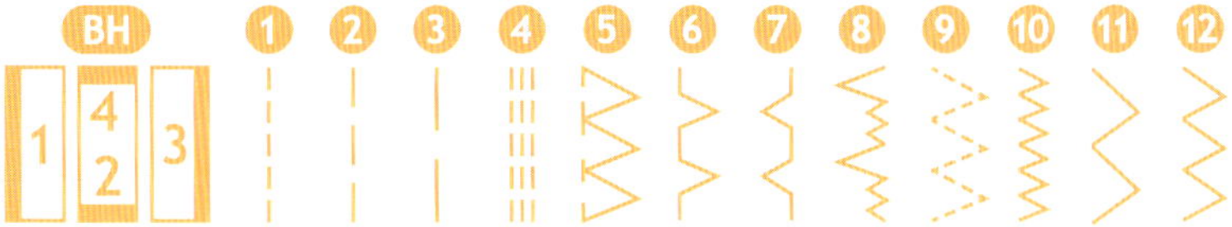

WAS ES IST: Knopf, Taste oder Rädchen oder auch digitales Display mit einem Diagramm der wählbaren Sticharten.

WAS ES KANN: Hier stellen Sie die gewünschte Stichart ein.

WARUM SIE ES VERWENDEN SOLLTEN: Nähmaschinen sind verschieden, einige können nur eine Stichart nähen, anderen haben Hunderte von Auswahlmöglichkeiten. Die Wahl des für das Nähprojekt optimal geeigneten Stichs trägt zum erfolgreichen Nähergebnis bei. Bald werden Sie die Auswahl zu schätzen wissen.

RÜCKSTICHTASTE

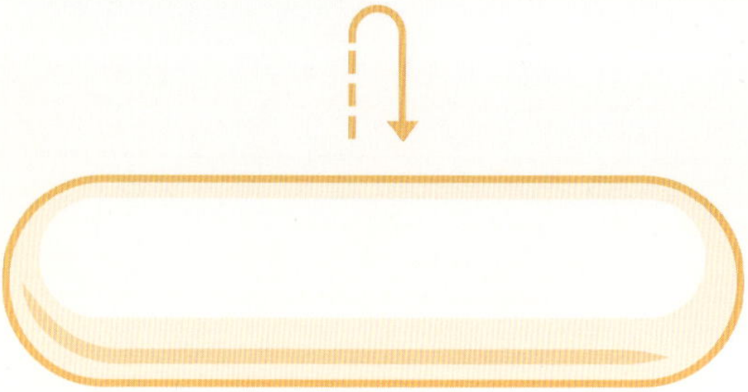

WAS ES IST: Taste, meist im unteren rechten Bereich der Maschine oder über der Nadel, zum Rückwärtsnähen.

WAS ES KANN: Wird die Rückstichtaste betätigt, näht die Maschine den ausgewählten Stich rückwärts.

WARUM SIE ES VERWENDEN SOLLTEN: Das Nähen von Rückstichen an Nahtanfang und -ende sichert die Naht.

NÄHFÜSSCHEN

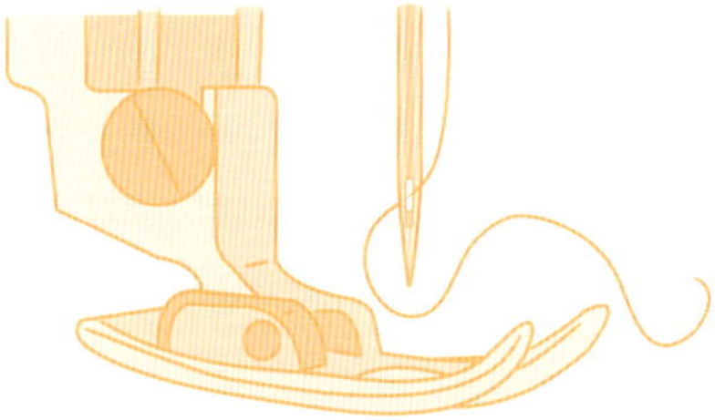

WAS ES IST: Kleines Kunststoff- oder Metallzubehör. Die Nadel bewegt sich durch den Steg des Füßchens, bevor sie den Stoff durchsticht.

WAS ES KANN: Wird das Füßchen auf den Stoff abgesenkt, hält es während des Nähens den Stoff auf dem Transporteur, der den Stoff weiter bewegt.

WARUM SIE ES VERWENDEN SOLLTEN: Ohne ein Nähfüßchen kann eine Nähmaschine nicht nähen. Es gibt für jedes Maschinenmodell zahlreiche Basisnähfüße wie auch Spezialnähfüße, die besondere Nähaufgaben erledigen.

STICHPLATTE

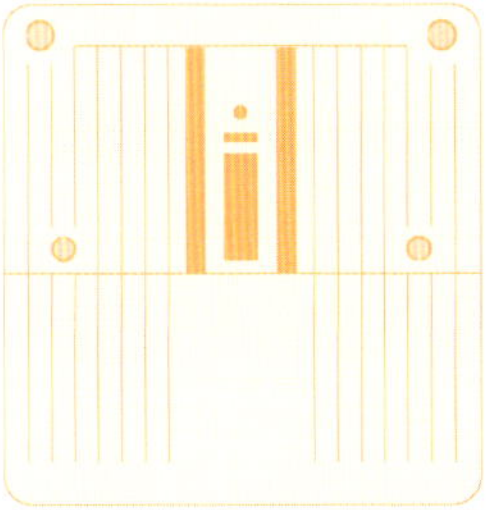

WAS ES IST: Die Metallplatte unter dem Nähfüßchen hat eingravierte Abstandsmarkierungen und umschließt den Transporteur.

WAS ES KANN: Genäht wird immer auf der Stichplatte. Hier treffen Nadel, Stoff, Nahtzugabenmaße, Transporteur und der Unterfaden aufeinander.

WARUM SIE ES VERWENDEN SOLLTEN: Kein Nähvorgang ohne Stichplatte – hier laufen verschiedene Nähvorgänge zusammen.

TRANSPORTEUR

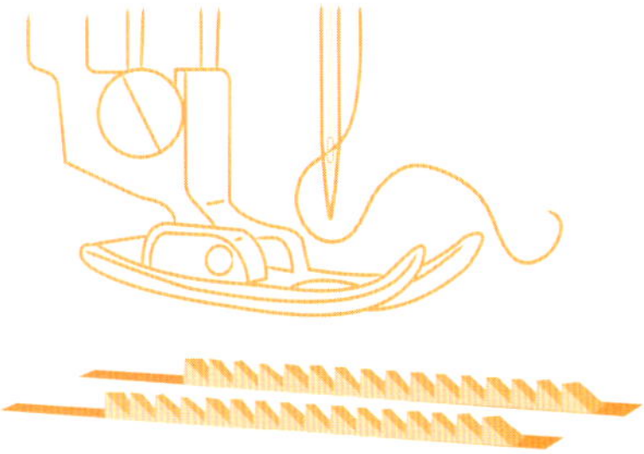

WAS ES IST: Kleine Metallzähnchen unter dem Nähfüßchen, die aus der Stichplattenöffnung hervorschauen.

WAS ES KANN: Die rotierenden Zähnchen bewegen den Stoff weiter – sie gleiten zurück, senken sich, bewegen sich vor, gleiten nach oben durch die Stichplattenöffnung und wieder zurück. Dies geschieht immer wieder aufs Neue in der Geschwindigkeit, die durch Druck auf das Fußpedal bestimmt wird.

WARUM SIE ES VERWENDEN SOLLTEN: Arbeiten Sie nicht gegen den Transporteur, versuchen Sie auch nicht, den Stoff schneller zu bewegen – bestimmt der Transporteur die Geschwindigkeit, ergibt sich ein gleichmäßiges Stichbild.

NAHTZUGABENMASSE

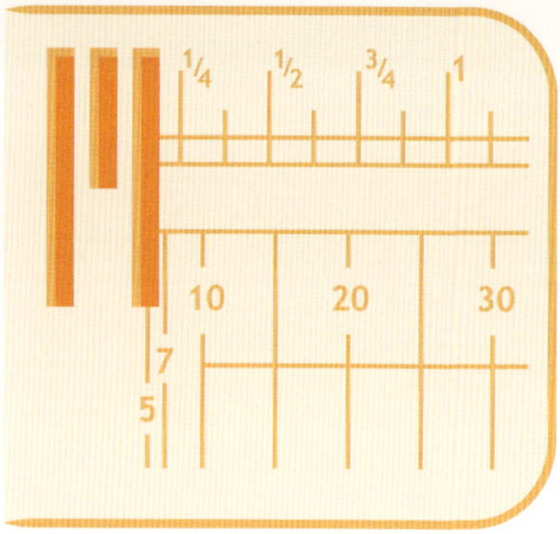

WAS ES IST: Auf der Stichplatte eingravierte Abstandslinien. Einige Nähmaschinenmodelle haben nur Linien, andere auch Maße.

WAS ES KANN: Befindet sich die Nadel in mittlerer Position, dienen die Linien als Maß für Nahtzugaben. Liegt die Stoffkante an der 1,5 cm-Markierung, wird die Naht 1,5 cm von der Stoffkante gefertigt.

WARUM SIE ES VERWENDEN SOLLTEN: Die korrekte Nahtzugabenbreite stellt sicher, dass die Schnittteile kantenbündig aneinanderpassen und das fertige Nähprojekt die gewünschte Größe hat.

FADENGEBER

WAS ES IST: Eine Metallöse, die der Nähfaden zwischen Fadenspannungsregler und Nadelöhr durchläuft.

WAS ES KANN: Führt den Nähfaden durch die Maschine und zeigt an, in welcher Phase der Stichfertigstellung sich der Nähvorgang befindet.

WARUM SIE ES VERWENDEN SOLLTEN: Kontrollieren Sie bei der Stichfertigstellung, ob sich der Fadengeber in der höchsten Stellung befindet. Falls nicht, drehen Sie das Handrad in Ihre Richtung, sodass Faden und Stoff mühelos aus der Maschine gleiten.

VERTIKALER GARNROLLENSTIFT

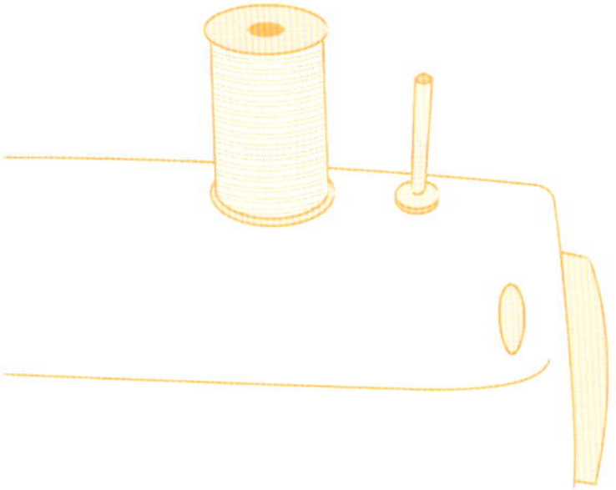

WAS ES IST: Kunststoff- oder Metallstift neben dem Spulapparat auf der Nähmaschine.

WAS ES KANN: Die Garnrolle wird auf den Garnrollenstift gesteckt, der Faden dann von hier aus zum Nähen eingefädelt.

WARUM SIE ES VERWENDEN SOLLTEN: Zum Nähen mit speziellen Nähfäden oder Konenfäden für Overlockmaschinen kann oft ein vertikaler anstelle eines horizontalen Garnrollenstifts verwendet werden.

SIEHE AUCH: Nähgarn auf Konen, Seite 20, Overlockmaschine, Seite 73

HORIZONTALER GARNROLLENSTIFT

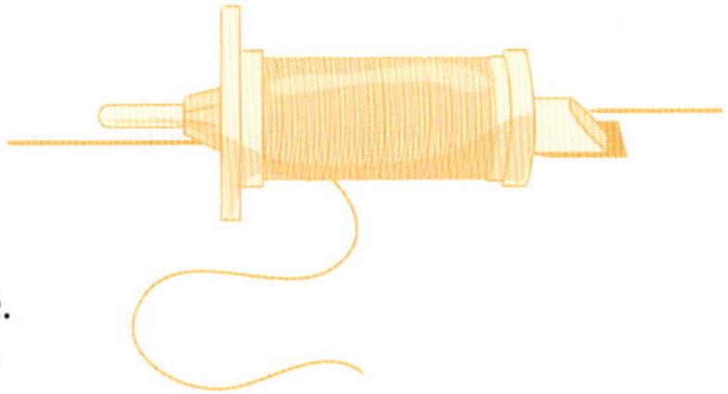

WAS ES IST: Kunststoff- oder Metallstift mit kleinem Stopper auf der Nähmaschine. Dieser ist horizontal aufgesteckt, darunter befindet sich eine kleine Ausbuchtung.

WAS ES KANN:Die Fadenrolle wird auf den Garnrollenstift gesteckt, der Stopper verhindert ein Verrutschen des Fadens während des Nähens.

WARUM SIE ES VERWENDEN SOLLTEN: Die Funktion der Maschine wurde anhand des Fadenverlaufs, beginnend an den Garnrollenhaltern, konzipiert. Verwenden Sie für ein sauberes Nähergebnis die zur Maschine gehörenden Garnrollenstifte anstatt den Faden anderweitig zu positionieren.

FADENSPANNUNGSREGLER

WAS ES IST: Runde Metallscheiben, versteckt hinter einem Drehknopf an der Nähmaschine.

WAS ES KANN: Bei abgesenktem Nähfuß werden die Metallscheiben aktiviert und der Faden mit gleichmäßiger Spannung geführt, wie durch die Einstellung am Drehknopf vorgegeben.

WARUM SIE ES VERWENDEN SOLLTEN: Bei grundlegenden Näharbeiten an mittelschweren, leichten und etwas schwereren Stoffen kann die Fadenspannung auf die vom Maschinenhersteller empfohlene Spannung eingestellt werden. Nur bei sehr leichten oder sehr schweren Stoffen sollte die Spannung angepasst werden.

GARNSPULE

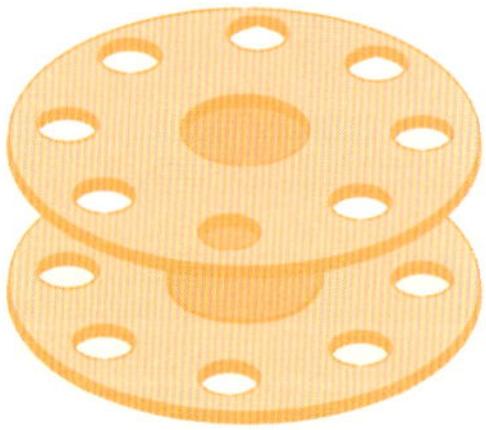

WAS ES IST: Kleine Spule aus Metall oder Kunststoff aus zwei mit einem Schaft verbundenen Plättchen.

WAS ES KANN: Diese Spule führt den zweiten Faden, der für die Fertigung eines Stichs notwendig ist. Diese Spule befindet sich in der Spulenkapsel unter dem Nähfüßchen und liefert den Unterfaden.

WARUM SIE ES VERWENDEN SOLLTEN: Ohne Unterfaden bewegt sich zwar die Maschine, fertigt jedoch keinen Stich.

SPULAPPARAT

WAS ES IST: Kleiner Metall- oder Kunststoffknauf, auf den die Unterfaden-Spule aufgesteckt wird.

WAS ES KANN: Zum Aufspulen von Nähfaden von der Garnrolle auf die Spule.

WARUM SIE ES VERWENDEN SOLLTEN: Lesen Sie vor dem Spulvorgang das Handbuch der Nähmaschine. Das Spulen bei nicht optimaler Fadenspannung beeinträchtigt die Stichbildung.

SPULENKAPSEL

WAS ES IST: Das Gehäuse unter dem Nähfüßchen, in das die Garnspule eingelegt wird.

WAS ES KANN: Jedes Element der Nähmaschine muss an seinem Platz sein, damit der Faden gleichmäßig geführt und die Stiche sauber gefertigt werden. Die Spule gehört in die Spulenkapsel.

WARUM SIE ES VERWENDEN SOLLTEN: Die Spule passt genau in die Kapsel und führt den Faden zum Stich – mit der am kleinen Schräubchen der Kapsel eingestellten Spannung. Das garantiert einen perfekt genähten Stich.

AUFBAU DER NÄHMASCHINE

VON OBEN EINZULEGENDE SPULE

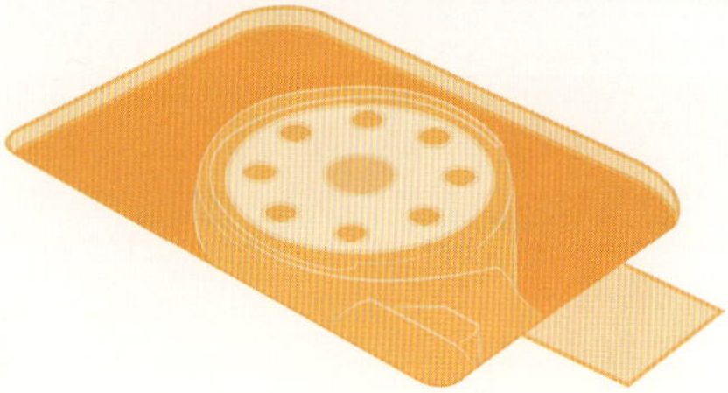

WAS ES IST: Bereich unter dem Nähfüßchen, der durch eine Öffnung unterhalb der Stichplatte zugänglich ist. Hier liegt die Spule beim Nähen.

WAS ES KANN: Je nach Nähmaschinentyp wird die Spule entweder von vorn oder von oben eingelegt. Der Faden wird von der Spule zur Nadel geführt.

WARUM SIE ES VERWENDEN SOLLTEN: Wird die Spule bei Ihrer Maschine von oben eingelegt, hat dies häufig den Vorteil, dass sie während des Nähvorgangs zu sehen ist – so haben Sie immer im Blick, wie viel Faden noch vorhanden ist.

SPEZIALNÄHMASCHINEN

LONGARM-QUILTMASCHINE

WAS ES IST: Eine Nähmaschine mit besonders langem Arm, also einem größeren Abstand zwischen dem Korpus und der Nadel.

WAS ES KANN: Die größeren Dimensionen ermöglichen das Arbeiten mit größeren Stoffmengen.

WARUM SIE ES VERWENDEN SOLLTEN: Beim Quilten oder bei größeren Nähprojekten muss häufig mehr Stoff zwischen Nähnadel und Maschinenkorpus passen, mit dieser Maschine fällt es leichter.

OVERLOCKMASCHINE

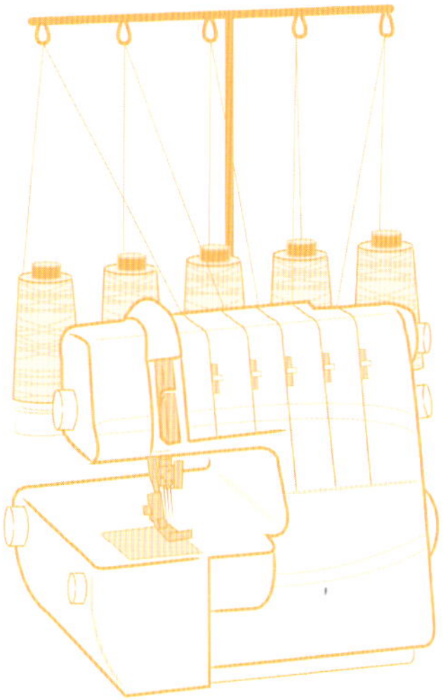

WAS ES IST: Eine Nähmaschine, die zwei- bis fünffädig mit Nähgarn auf Konen näht.

WAS ES KANN: Die Fäden fertigen einen oder zwei Geradstiche, die übrigen Fäden werden um die Stoffkante geschlungen, die gleichzeitig von integrierten Messern an der gewünschten Nahtzugabe beschnitten wird.

WARUM SIE ES VERWENDEN SOLLTEN: Kommerziell produzierte Kleidung wird in der Regel mit Overlockmaschinen genäht, dies ergibt ein professionelles, sauberes Ergebnis auf der Innenseite.

SIEHE AUCH: Nähen mit der Overlock, Seite 84

4. KAPITEL

STICHARTEN

MASCHINENSTICHE

STICHLÄNGE

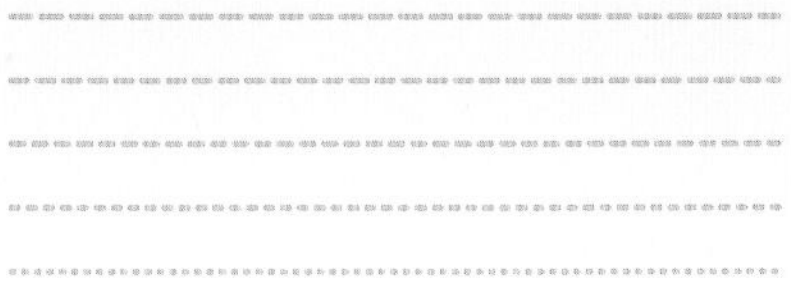

WAS ES IST: Die Länge eines Stichs – von seinem Ausgangs- bis zum Endpunkt, gemäß der bei der Nähmaschine gewählten Stichlänge, oder beim Nähen von Hand.

WAS ES KANN: Die Stichlänge gibt vor, ob ein Stich für eine Konstruktionsnaht oder nur zu dekorativen Zwecken verwendet wird.

WARUM SIE ES VERWENDEN SOLLTEN: Die Stichlänge muss stets vorher festgelegt werden, basierend auf Stichart und Verwendung.

STICHBREITE

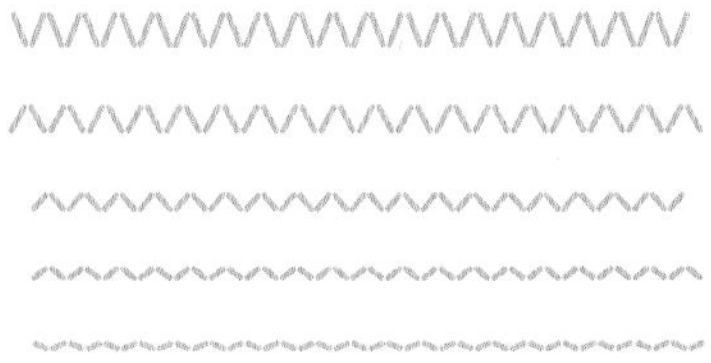

WAS ES IST: Die Breite eines Stichs, von Seite zu Seite gemessen, gemäß der bei der Nähmaschine gewählten Stichbreite, oder beim Nähen von Hand.

WAS ES KANN: Ein Geradstich hat keine Stichbreite, die meisten anderen Sticharten allerdings schon.

WARUM SIE ES VERWENDEN SOLLTEN: Wie auch die Stichlänge ist die Stichbreite eine entscheidende Voraussetzung bei jedem Stich und wird durch seine Verwendung und Platzierung bestimmt. Selbst wenn die Stichbreite auf Null zurückgesetzt wird, sollten Sie dies vor dem Nähen in Betracht ziehen.

GERADSTICH

WAS ES IST: Eine Reihe einzelner Stiche; der jeweils nächste Stich setzt am Ende des vorherigen Stichs an. Es entsteht eine durchgehende Linie von Stichen.

WAS ES KANN: Werden zwei oder mehr Stoffstücke mit Geradstich zusammengenäht, entsteht eine Naht. Die gleichmäßige Nahtlinie kann auch einen dekorativen Effekt erzielen.

WARUM SIE ES VERWENDEN SOLLTEN: Der Geradstich wird für Konstruktionsnähte, zum dekorativen Absteppen, zum Heften, bei Rückstichen sowie für viele andere Nähaufgaben verwendet.

ZICKZACKSTICH

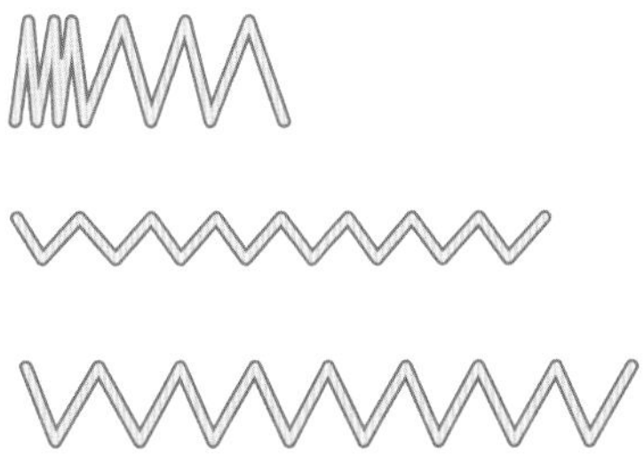

WAS ES IST: Ein z-förmiger Stich, der durch das Einstechen der Nadel abwechselnd rechts und links der Mitte gebildet wird.

WAS ES KANN: Der Zickzackstich ist leicht elastisch; er wird auch für dekorative Effekte sowie zum Versäubern von Stoffkanten eingesetzt.

WARUM SIE ES VERWENDEN SOLLTEN: Bei Strickwaren ist der Zickzackstich eine praktische Alternative zum Geradstich. Das Versäubern von Stoffkanten verhindert ein Ausfransen.

ELASTIKSTICH

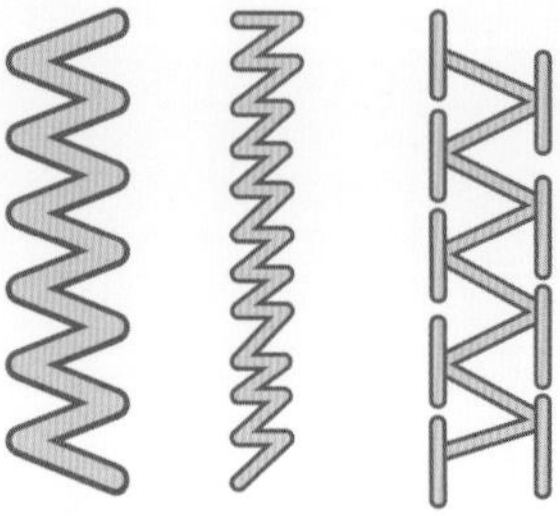

WAS ES IST: Eine elastische Variante verschiedener Maschinenstiche, z.B. Geradstich, Blindsaumstich und Zickzackstich.

WAS ES KANN: Einige Stiche werden genäht, dann näht die Maschine einen Stich rückwärts, um die Elastizität zu geben.

WARUM SIE ES VERWENDEN SOLLTEN: Beim Nähen von dehnbaren Strickwaren muss auch der Stich elastisch sein, sonst reißen die Fäden. Ein elastischer Stich dehnt sich mit dem genähten Gewebe.

HEFTSTICH

WAS ES IST: Geradstich mit sehr langer Stichlänge von 4,0 mm oder länger.

WAS ES KANN: In der Regel zum kurzzeitigen Heften von Stofflagen während der Konstruktionsphase und Passformkorrekturen.

WARUM SIE ES VERWENDEN SOLLTEN: Ideal beim Nähen eines Nesselmodells, da sich die Heftnaht leicht entfernen lässt. Wird auch beim Nähen von Hand verwendet und beim Einhalten von Schnittteilen, z.B. Einsetzen eines Ärmels.

RÜCKSTICH

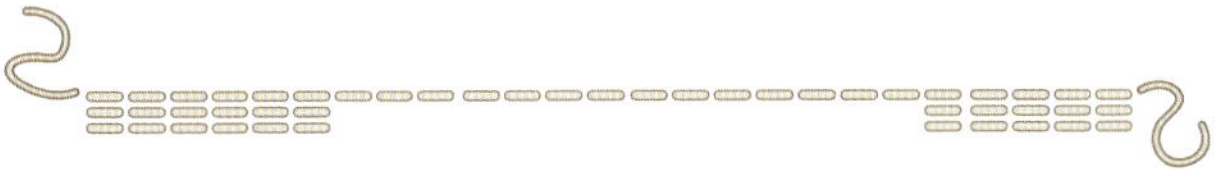

WAS ES IST: Das Übernähen einiger Geradstiche in Rückwärtsrichtung ergibt einen Rückstich, auch Verriegeln genannt.

WAS ES KANN: In der Regel an Nahtanfang und -ende einer Konstruktionsnaht mit Geradstichen verwendet. Rückstiche verhindern, dass sich die Naht auftrennt.

WARUM SIE ES VERWENDEN SOLLTEN: Rückstiche verriegeln und sichern die Naht.

ZIERSTICH

WAS ES IST: Alle Stiche, die nicht der Konstruktion eines Nähprojekts dienen, sind Zierstiche.

WAS ES KANN: Kreiert anhand von Platzierung und Stichauswahl einen dekorativen Effekt.

WARUM SIE ES VERWENDEN SOLLTEN: Mit den verschiedensten Stichen, z. B. Steppnähten, Zickzackstichen, aufwendigeren programmierten Stichen oder Handstichen, lassen sich, auf der rechten Stoffseite genäht, dekorative Effekte erzielen.

NÄHTE

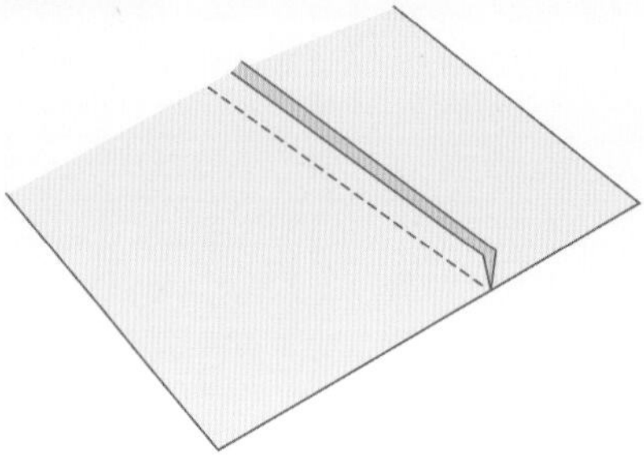

WAS ES IST: Werden zwei oder mehr Stoffstücke aneinander genäht, entsteht eine Naht.

WAS ES KANN: Wesentlicher Bestandteil aller Nähprojekte.

WARUM SIE ES VERWENDEN SOLLTEN: Beim Arbeiten eines dreidimensionalen Stücks wird eine Naht notwendig sein. Legen Sie im Voraus fest, wie die Stücke aneinandergesetzt werden und wie die Nähte verlaufen sollen.

NAHTKRÄUSELN

WAS ES IST: Kleine Wellen, die beim Nähen entstehen.

WAS ES KANN: Sind Fadenspannung und Stichlänge an der Maschine falsch eingestellt, oder bei Verwendung einer für den Stoff ungeeigneten Nadelstärke, entsteht das Nahtkräuseln.

WARUM SIE ES VERWENDEN SOLLTEN: Das sollten Sie vermeiden! Probieren Sie den Stich vorher auf einem Stoffrest aus. Überprüfen Sie alle Einstellungen, damit solche Wellen gar nicht erst entstehen.

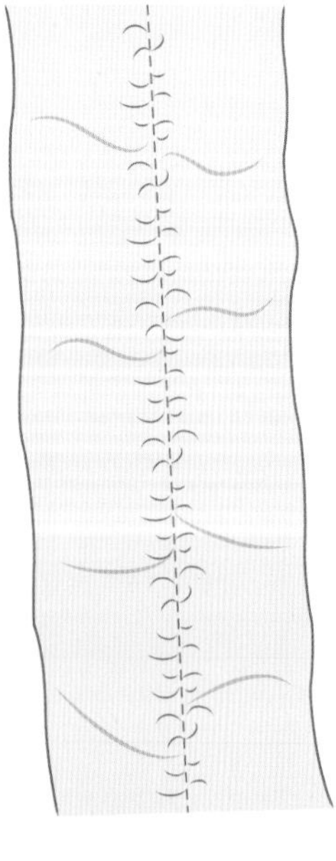

ABSTEPPEN

WAS ES IST: Ähnlich wie das knappkantige Nähen bzw. Steppen, jedoch nicht so dicht an der Stoffkante. Beim Steppen wird mit Geradstich auf der rechten Stoffseite genäht, am häufigsten bei Nähten und Säumen.

WAS ES KANN: Das Absteppen verleiht Konstruktionsnähten einen dekorativen Effekt, zudem ist es eine schnelle und einfache Methode, um Bündchen an Kleidungsstücken oder Ärmeln zu säumen.

WARUM SIE ES VERWENDEN SOLLTEN: Darf das Resultat eher lässig sein, geht das Absteppen eines Saums schneller als das Nähen von Hand. Hosen aus Denim erhalten durch das Absteppen einen professionellen Look.

KNAPPKANTIG NÄHEN

WAS ES IST: Ähnlich wie beim Absteppen wird die Naht mit einem Geradstich genäht, jedoch sehr dicht an der Stoffkante.

WAS ES KANN: Eine nützliche Methode, die verschiedene Stoffschichten komprimiert und miteinander verbindet.

WARUM SIE ES VERWENDEN SOLLTEN: Im Gegensatz zur Steppnaht, die meist als dekoratives Element eingesetzt wird, wird vor allem an Kragen, Belegen und anderen Konstruktionselementen knappkantig genäht.

STÜTZNAHT

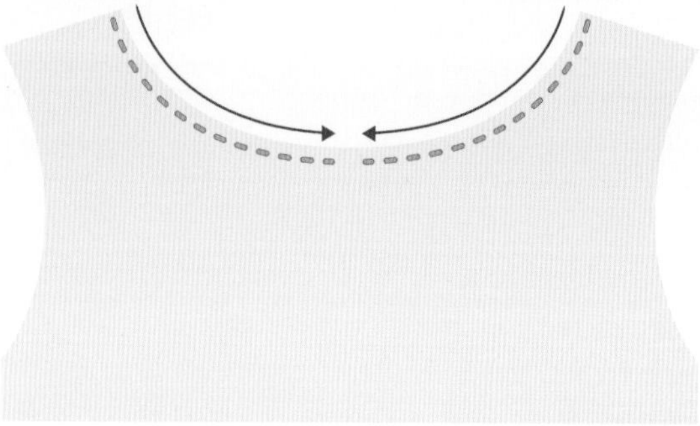

WAS ES IST: Geradstich mit herkömmlicher oder etwas kürzerer Stichlänge, genäht innerhalb der Nahtzugabe entlang der Rundung eines Schnittteils.

WAS ES KANN: Die Fäden der Naht fixieren die Fäden des Stoffs.

WARUM SIE ES VERWENDEN SOLLTEN: Eine rasch gearbeitete vorsorgliche Maßnahme die verhindert, dass sich eine Rundung – beispielsweise ein Halsausschnitt – dehnt oder die Form verliert.

FLACHSTEPPEN

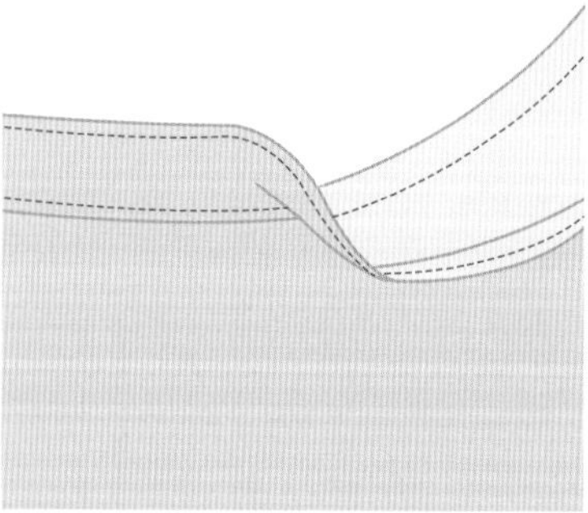

WAS ES IST: Ein Geradstich, der die Nahtzugabe einer Naht mit dem Beleg oder Futter dieser Naht knapp innerhalb der ursprünglichen Naht verbindet.

WAS ES KANN: Das Vernähen der Nahtzugabe an den innen liegenden Stoff fördert das Einrollen des Belegs oder Futters zur Naht und fixiert diese.

WARUM SIE ES VERWENDEN SOLLTEN: Durch das Flachsteppen sind Beleg oder Futter auf der rechten Stoffseite nicht sichtbar, so entsteht ein professionelles Nähergebnis.

SIEHE AUCH: Beleg, Seite 148; Futter, Seite 166

EINHALTENAHT

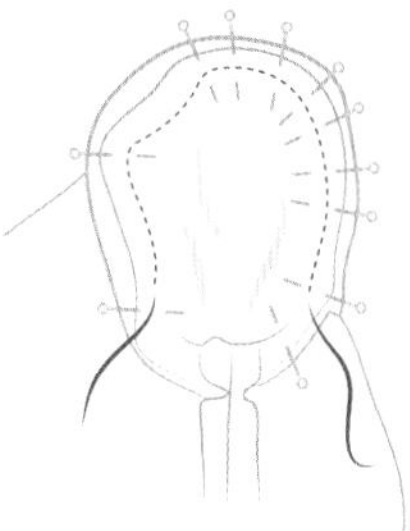

WAS ES IST: Ein Heftstich, ohne Rückstiche an Anfang und Ende.

WAS ES KANN: Zum Zusammensetzen von zwei unterschiedlich langen Stoffkanten.

WARUM SIE ES VERWENDEN SOLLTEN: Beim Einsetzen einer Armkugel o. Ä. wird die Mehrweite reduziert, sodass die größere Kante an die kleinere passt. Anschließend die Stücke feststecken und endgültig zusammennähen.

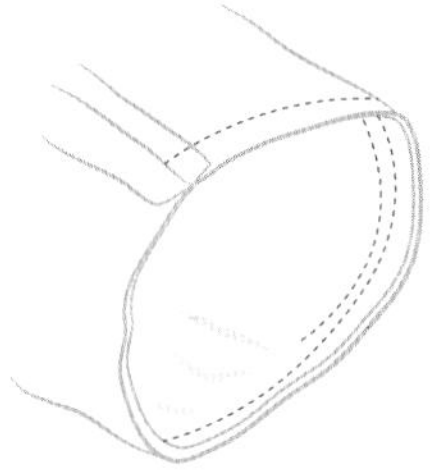

IM NAHTSCHATTEN NÄHEN

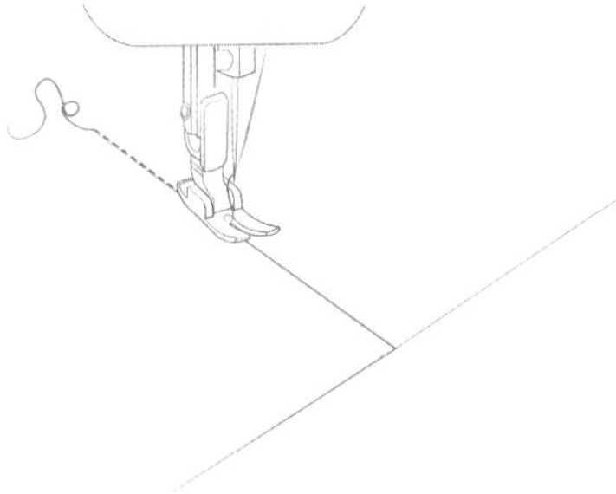

WAS ES IST:Ein Geradstich, genäht auf der rechten Stoffseite im Nahtschatten, an dem zwei Nähte aneinanderstoßen.

WAS ES KANN: Dient als unsichtbare Naht, da die Nähfäden durch die Naht kaschiert werden und die innen liegende Stofflage oder das Futter mitgefasst wird.

WARUM SIE ES VERWENDEN SOLLTEN: Wird meist bei Belegen oder am Taillenbund verwendet, denn das Nähen im Nahtschatten ergibt, im Gegensatz zu einer Steppnaht, ein unauffälliges Nähergebnis.

NÄHEN MIT DER OVERLOCK

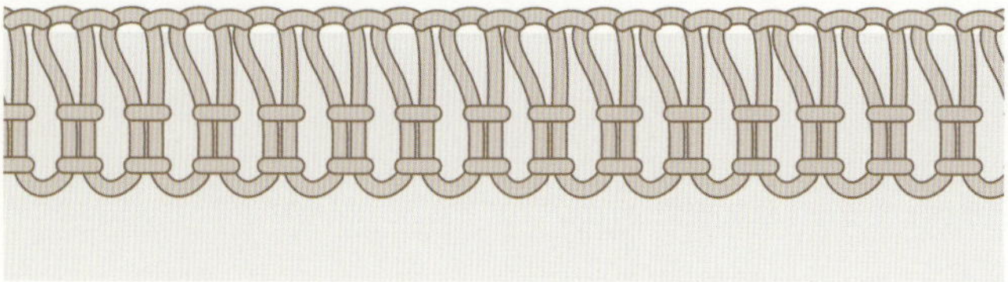

WAS ES IST: Mit einem integrierten Messer schneidet die Overlockmaschine beim Nähen die Nahtzugabe ab.

WAS ES KANN: Die 2-5 Nähfäden fertigen 1-2 Geradstiche, während sich die weiteren Fäden um die Stoffkanten schlingen, die im selben Arbeitsgang an der gewünschten Nahtzugabenbreite beschnitten werden.

WARUM SIE ES VERWENDEN SOLLTEN: Overlocknähte ergeben ein professionelles Ergebnis auf der Innenseite des Nähprojekts. Die Nähte sind leicht dehnbar und daher auch für Strickwaren geeignet.

SIEHE AUCH: Overlockmaschine, Seite 73

COVERSTICH

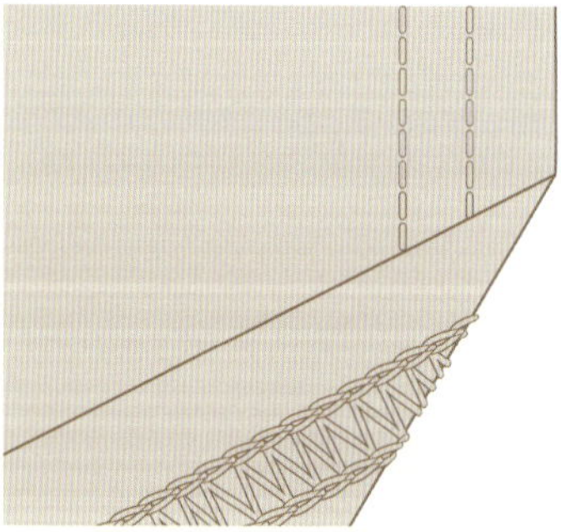

WAS ES IST: Parallel verlaufende Geradstiche auf der rechten Stoffseite, auf der linken werden Zickzackstiche gefertigt.

WAS ES KANN: Der Coverstich bildet beim Säumen von Strickwaren eine dehnbare Naht.

WARUM SIE ES VERWENDEN SOLLTEN: Verleiht Strickwaren ein professionelles Ergebnis, mit Nähten, die sich beim An- und Ausziehen dehnen

KNOPFLOCHSTICH

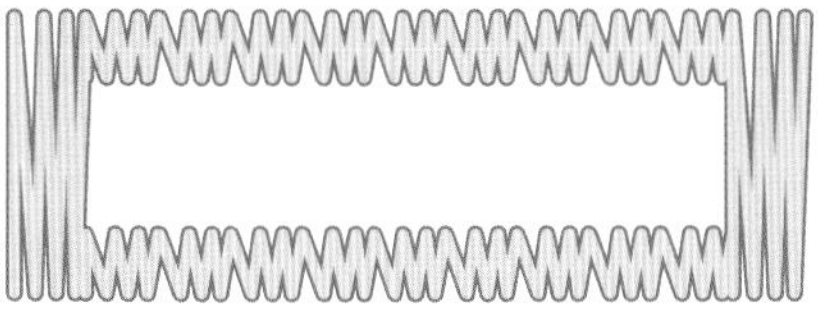

WAS ES IST: Zwei Reihen aus engen und breiten Zickzackstichen, mit zwei querverlaufenden Riegeln und einer mittigen Öffnung.

WAS ES KANN: Durch die Öffnung wird der Knopf hindurchgeschoben, zwei Stofflagen dadurch miteinander verbunden.

WARUM SIE ES VERWENDEN SOLLTEN: Knopf und Knopfloch sind häufig verwendete Verschlüsse bei Blusen, Kleidern, Jacken und Taillenbünden an Hosen.

BLINDSAUM

WAS ES IST: Eine Reihe von Stichen – mehrere kleine und ein großes „V", die einen Saum unsichtbar am Kleidungsstück fixieren.

WAS ES KANN: Der obere Teil des großen „V" fertigt einen kleinen Stich auf der Stoffvorderseite, die restlichen Stiche werden nur am Saum genäht.

WARUM SIE ES VERWENDEN SOLLTEN: Erzielt mit einem fast unsichtbaren Saum ein eleganteres Ergebnis als eine Steppnaht.

VORSTICH

WAS ES IST: Von Hand genähter Geradstich, die Stiche und die Abstände dazwischen sind auf beiden Stoffseiten sichtbar.

WAS ES KANN: Gleich mehrere Stiche werden auf die Nadel genommen, diese dann durchgezogen, sodass gleichzeitig drei bis vier Stiche gearbeitet werden.

WARUM SIE ES VERWENDEN SOLLTEN: Wird häufig bei empfindlichen Stoffen wie Seide oder Samt als Heftstich verwendet, aber auch zum Erzielen eines dekorativen Effekts.

PUNKTSTICH

WAS ES IST: Von Hand genähter Stich. Auf der Stoffunterseite bilden sich lange Schlingen, auf der Oberseite sind kleine Punkte sichtbar.

WAS ES KANN: Verleiht Struktur, ist dabei auf der Stoffoberseite fast unsichtbar.

WARUM SIE ES VERWENDEN SOLLTEN: Wird in der Regel beim Einsetzen von Reißverschlüssen von Hand bei empfindlichen Stoffen wie z.B. Samt, die durch die Nähmaschine beschädigt werden könnten, verwendet.

HEFTEN

WAS ES IST: Längerer Geradstich, von Hand oder mit der Maschine genäht.

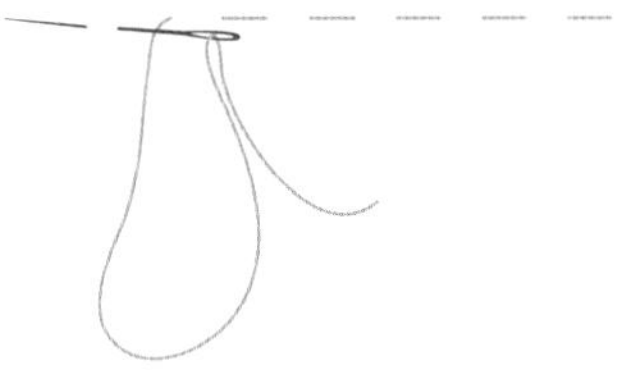

WAS ES KANN: Heftstiche werden zum vorübergehenden Fixieren verwendet. Der Heftstich ist auf der rechten Stoffseite unsichtbar – der Heftfaden wird entweder entfernt oder in der Nahtzugabe verborgen.

WARUM SIE ES VERWENDEN SOLLTEN: Wird meist während der Anprobe eines Kleidungsstücks verwendet, beim Kräuseln von Hand oder beim Einhalten.

SIEHE AUCH: Kräuseln, Seite 141; Heftnadel, Seite 58

HEXENSTICH

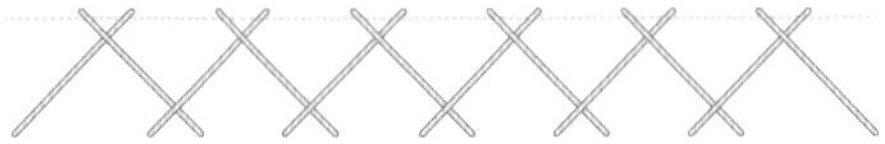

WAS ES IST: Von Hand genähte, x-förmige Stiche.

WAS ES KANN: Zum Fixieren von zwei Stofflagen, die nicht überlappend, sondern flach auf- oder nebeneinander fixiert werden sollen.

WARUM SIE ES VERWENDEN SOLLTEN: Wird häufig beim Futter angewendet. Ideal, wenn ein flaches und unsichtbares Ergebnis erwünscht ist und die vernähten Stoffkanten nicht auftragen sollen.

ÜBERWENDLICHSTICH

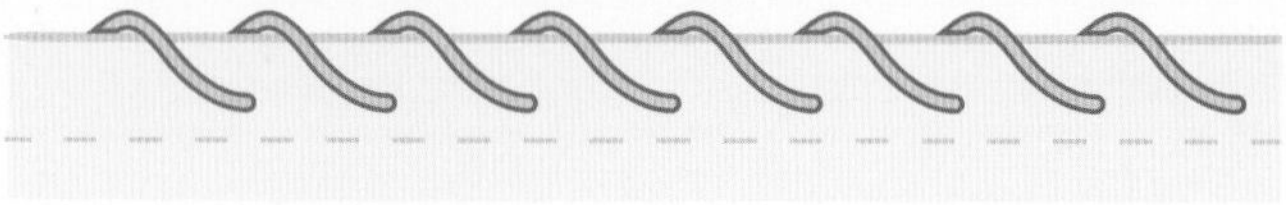

WAS ES IST: Von Hand genähter Stich, der Faden wird um eine oder mehrere Stoffkanten herum geführt.

WAS ES KANN: Verhindert das Ausfransen der Stoffkanten beim Waschen, Trocknen oder Tragen.

WARUM SIE ES VERWENDEN SOLLTEN: Erzielt das gleiche Ergebnis wie ein Zickzack- oder Overlockstich, von Hand genäht wirkt es jedoch eleganter und professioneller.

SIEHE AUCH: Nähen mit der Overlock, Seite 84; Zickzackstich, Seite 77

QUILTSTICH

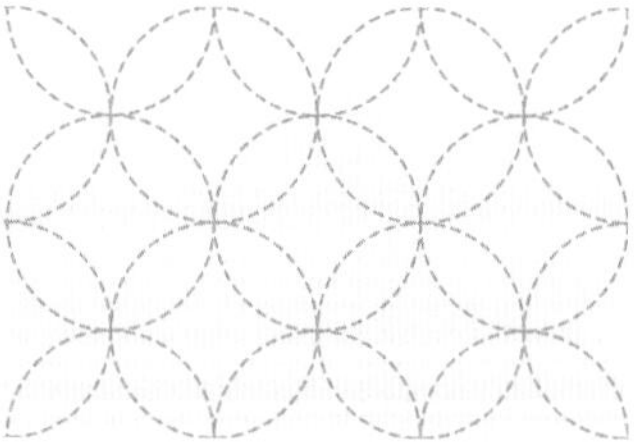

WAS ES IST: Von Hand genähter Stich mit kleinen Punkten oder Stichlängen auf beiden Seiten des Quilt- und Rückseitenstoffs.

WAS ES KANN: Mit dem Stich werden die einzelnen Lagen des Quilts sowie die Wattierung miteinander verbunden und fixiert.

WARUM SIE ES VERWENDEN SOLLTEN: Die Handstiche verleihen den Quiltlagen Stabilität. Ersatzweise können Sie auch die Stofflagen mit einem Geradstich auf der Nähmaschine quilten.

SIEHE AUCH: Quilten, Seite 186

SAUMSTICH

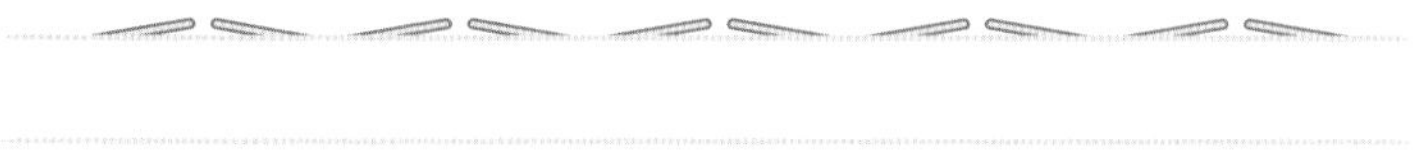

WAS ES IST: Von Hand genähter Stich, der das Sauminnere mit dem darüberliegenden Stoff verbindet.

WAS ES KANN: Wird durch den oberen Teil des Saums genäht, vom eigentlichen Kleidungsstück werden nur wenige Gewebefäden erfasst, dann wird der Faden wieder durch den Saum geführt.

WARUM SIE ES VERWENDEN SOLLTEN: Ähnlich einem Blindsaum ist auf der rechten Stoffseite nur ein kleiner Fadenpunkt sichtbar, so entsteht ein professionelles Nähergebnis bei eleganteren Nähprojekten.

STOPFEN

WAS ES IST: Das Auffüllen eines Lochs in einem Stoff- oder Kleidungsstück.

WAS ES KANN: Eine Reihe von Handstichen werden in verschiedenen Richtungen ausgeführt, um den Stoff zu stabilisieren und das Loch zu stopfen.

WARUM SIE ES VERWENDEN SOLLTEN: Wenn ein geliebtes Kleidungsstück ein Loch aufweist, ist dies die beste Reparaturmethode – Sie können das Kleidungsstück weitertragen und müssen es nicht wegwerfen.

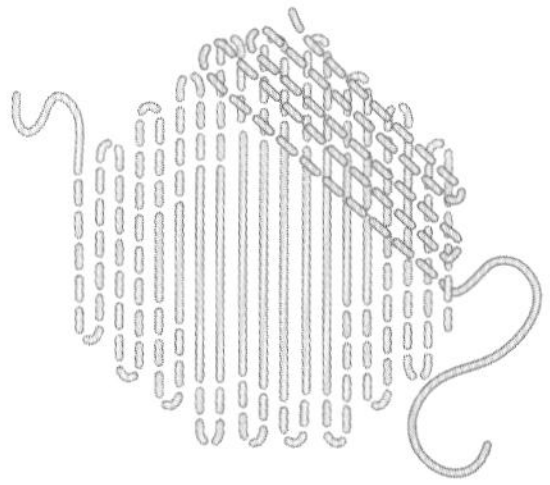

MARKIERSTICH

WAS ES IST: Von Hand genähter Stich mit langen Vorstichen oder einzelnen Punktstichen.

WAS ES KANN: Die Markierungen kennzeichnen Konstruktionselemente wie z. B. Abnäher. Die Vorstiche ähneln den Heftstichen, die wie eine endgültige Naht aussehen, werden jedoch wieder entfernt.

WARUM SIE ES VERWENDEN SOLLTEN: Würden Markierungen mit einem Stoffmarker den Stoff beschädigen, können Markierstiche gesetzt werden.

SCHNEIDERKNOTEN

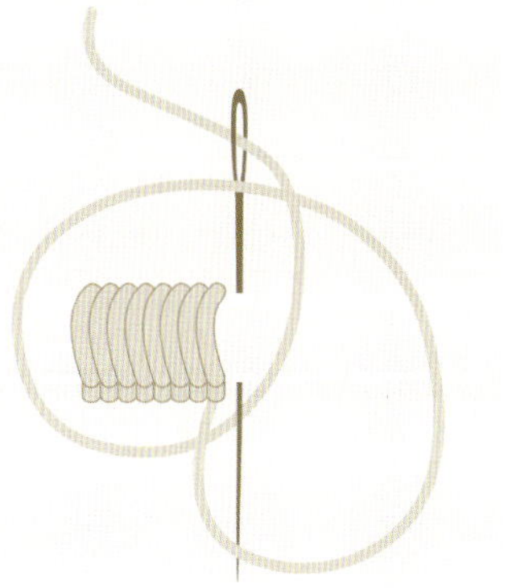

WAS ES IST: Technik zum Verknoten des in eine Handnähnadel eingefädelten Fadens.

WAS ES KANN: Mit dem Faden eine Schlinge bilden, Nadel und Faden durch die Schlinge ziehen und einen Knoten bilden. Eine einfache Technik, den Faden am Ende einer Handnaht zu verknoten.

WARUM SIE ES VERWENDEN SOLLTEN: Ideal beim Annähen von Knöpfen – der Schneiderknoten ist widerstandsfähig und sieht zudem ordentlich aus.

5. KAPITEL

STOFFE

KETTFÄDEN

WAS ES IST: Die in Längsrichtung verlaufenden Fäden eines Gewebes.

WAS ES KANN: Die Kettfäden werden fest in den Webstuhl gespannt, und verlaufen daher längs im Gewebe.

WARUM SIE ES VERWENDEN SOLLTEN: Beim Nähen werden in der Regel gewebte Stoffe verwendet. Alle gewebten Textilien bestehen aus Kett- und Schussfäden, die dem Stoff seine Stabilität verleihen.

SCHUSSFÄDEN

WAS ES IST: Die Schussfäden liegen quer zu den Kettfäden, verlaufen also über die Breite des Gewebes.

WAS ES KANN: Schussfäden können auf vielfältige Weise verwebt werden, über und unter den Kettfäden, von Seite zu Seite verlaufend.

WARUM SIE ES VERWENDEN SOLLTEN: Ein entscheidender Bestandteil gewebter Stoffe – die Schussfäden bestimmen das Muster und die Webart des Stoffs.

FADENLAUF

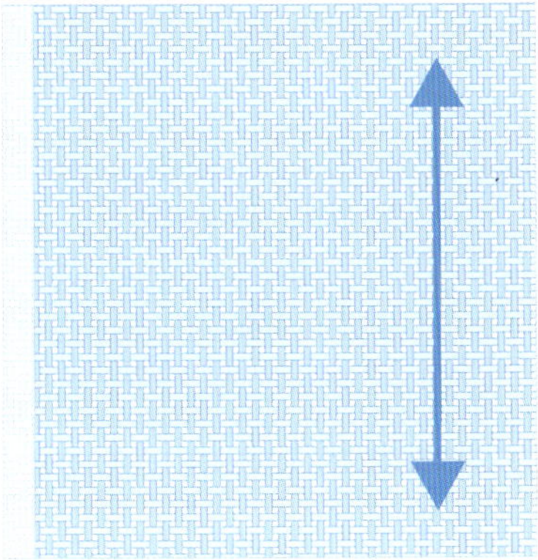

WAS ES IST: Die Richtung der Längsfäden (Kettfäden) bildet den Fadenlauf.

WAS ES KANN: Jedes Schnittmuster gibt die Richtung zum Auflegen der Schnittteile im Fadenlauf vor – parallel zum Fadenlauf des Stoffs.

WARUM SIE ES VERWENDEN SOLLTEN: Der Stoff muss parallel zum Fadenlauf zugeschnitten werden, damit das fertige Stück eine optimale Passform und einen schönen Fall hat. Wird nicht im Fadenlauf zugeschnitten, passen die Schnittteile nicht zusammen, die Kleidung hat Passformmängel, keinen optimalen Fall und ist nicht elastisch.

QUERFADENLAUF

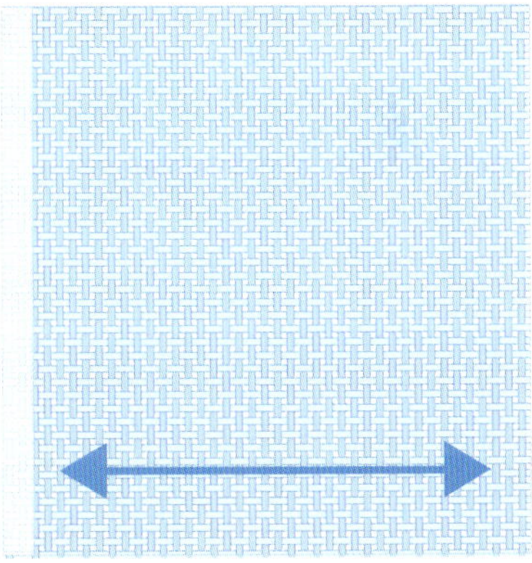

WAS ES IST: Die über die Stoffbreite verlaufenden Fäden (Schussfäden).

WAS ES KANN: Die Querfäden liegen lockerer als die Kettfäden und sind daher elastischer. Die Elastizität wird für die Passform und den Tragekomfort genutzt.

WARUM SIE ES VERWENDEN SOLLTEN: Wie beim Fadenlauf ist das korrekte Auflegen der Schnittteile im Querfadenlauf für die Konstruktion und Passform eines Kleidungsstücks entscheidend.

AUS DEM FADENLAUF

WAS ES IST: Verlaufen Kett- und Schussfäden nicht im Lot zueinander, ist kein korrekter Fadenlauf gegeben.

WAS ES KANN: Wird ein Schnittteil nicht im korrekten Fadenlauf zugeschnitten, lässt es sich nicht falten, nähen oder bügeln und das fertige Stück hat Passformmängel.

WARUM SIE ES VERWENDEN SOLLTEN: Achten Sie darauf, den Stoff entlang des Fadenlaufs zu falten und jedes Schnittteil korrekt auf den Stoff aufzulegen, um ein gutes Nähergebnis zu erzielen.

WEBKANTEN

WAS ES IST: Die beiden festen Kanten eines Stoffs, die parallel zum Fadenlauf verlaufen.

WAS ES KANN: Die Webkanten verhindern das Ausfransen. Hier werden auch Informationen zum Stoff (Designer, Farbe, Kollektion etc.) aufgedruckt.

WARUM SIE ES VERWENDEN SOLLTEN: In der Regel werden die Webkanten abgeschnitten, da diese sich anders verhalten als der Rest des Stoffs (z.B. beim Waschen, Einlaufen und Tragen) und sich das Nähprojekt verziehen könnte.

RECHTE STOFFSEITE

WAS ES IST: Die rechte, obere Seite eines Stoffs, die beim fertigen Nähprojekt außen liegt und sichtbar ist.

WAS ES KANN: Eingewebte Muster haben keine rechte oder linke Seite, aber Druckstoffe oder Florstoffe haben eine offensichtliche rechte Seite, die dann auch als Oberseite verwendet wird.

WARUM SIE ES VERWENDEN SOLLTEN: Um die Schönheit des Stoffs zu zeigen!

SIEHE AUCH: Flor, Seite 120

LINKE STOFFSEITE

WAS ES IST: Die linke, untere Seite eines Stoffs, die auf der Innenseite des Nähprojekts verborgen wird.

WAS ES KANN: Bei Druck- oder Florstoffen ist es offensichtlich, welches die linke Seite ist, da sie kein Muster oder Textur aufweist. Bei gewebten Mustern gibt es häufig keine linke oder rechte Seite.

WARUM SIE ES VERWENDEN SOLLTEN: Auf der linken Stoffseite können Schnittmustermarkierungen aufgezeichnet werden.

SCHRÄGFADENLAUF

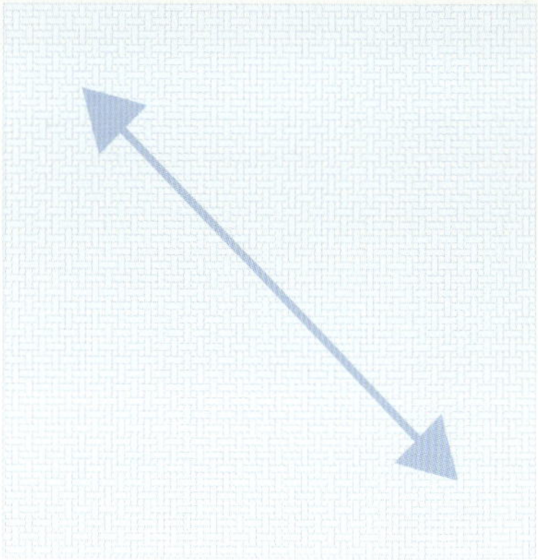

WAS ES IST: Der Schrägfadenlauf verläuft diagonal über den Stoff.

WAS ES KANN: Besonders elastischer Bereich des Stoffs. Im Schrägfadenlauf zugeschnitten ist der Fall des Stoffs ganz anders als im geraden Fadenlauf.

WARUM SIE ES VERWENDEN SOLLTEN: Die Elastizität eröffnet verschiedene Design-Möglichkeiten, da sich der im schrägen Fadenlauf zugeschnittene Stoff besser drapieren lässt.

FALL DES STOFF

WAS ES IST: Der fließende Fall eines Stoffs.

WAS ES KANN: Der Fall eines Stoffs kann das Ergebnis eines Nähprojekts deutlich beeinflussen – ein steiferer Stoff wird nie einen so fließenden Fall aufweisen wie ein weicherer Stoff.

WARUM SIE ES VERWENDEN SOLLTEN: Den Fall eines Stoffs auf das Nähprojekt abzustimmen ist entscheidend für das Ergebnis. Rüschen oder Kräusel lassen sich besser ausarbeiten wenn der Stoff weich fällt, Falten können aus steiferen Materialien genäht werden.

FASERGEHALT

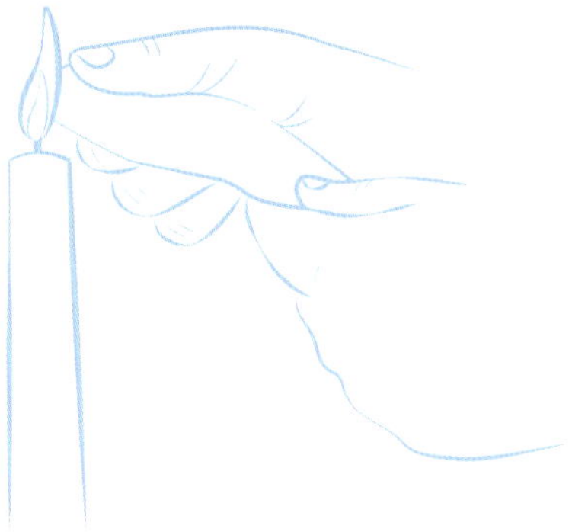

WAS ES IST: Zusammensetzung und Herkunft der Stofffasern.

WAS ES KANN: Dazu gehört der Ursprung der Stofffasern, wie sie hergestellt und gefärbt wurden, sowie Details zum Rohmaterial aus dem der Stoff produziert wurde. Die Faserzusammensetzung kann durch eine Brennprobe ermittelt werden.

WARUM SIE ES VERWENDEN SOLLTEN: Die Kenntnis der verschiedenen Fasern – ob sie elastisch, natürlich oder chemisch hergestellt sind – ist entscheidend für die Wahl des optimal geeigneten Stoffs. Muss ein Nähprojekt stark gebügelt werden, sind natürliche Fasern am besten geeignet, da synthetische Gewebe bei starker Hitze schmelzen.

MISCHGEWEBE

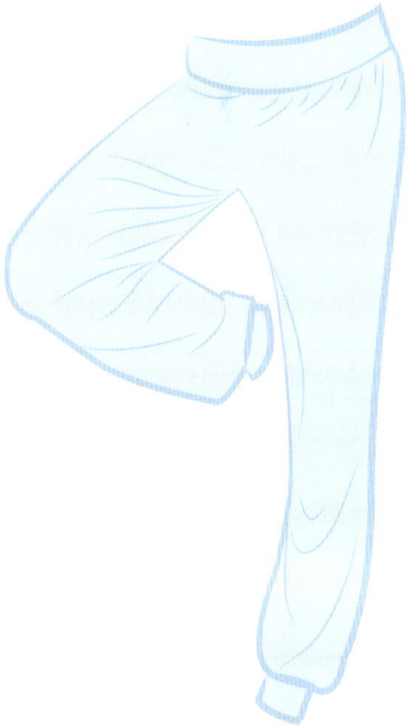

WAS ES IST: Der Stoff enthält mehr als eine Faserart. Mischgewebe werden häufig für Sport- und Freizeitbekleidung verwendet.

WAS ES KANN: Mischgewebe sind meist eine Kombination aus synthetischen und Naturfasern, die dem Stoff Elastizität, einen schönen Fall und pflegeleichte Eigenschaften verleihen.

WARUM SIE ES VERWENDEN SOLLTEN: Nähprojekt und Material sollten immer optimal aufeinander abgestimmt werden. Die Tatsache, dass der ausgewählte Baumwollstoff einen Lycra-Anteil hat, wirkt sich auf das Nähergebnis aus.

BAUMWOLLE

WAS ES IST: Eine Pflanze, die große, flauschige Samenkapseln mit weißen Fasern bildet. Diese werden geerntet, zu Fäden gesponnen und dann zu Stoffen gewebt.

WAS ES KANN: Baumwollstoffe sind in verschiedenen Qualitäten erhältlich, abhängig von den verwendeten Fadenstärken.

WARUM SIE ES VERWENDEN SOLLTEN: Baumwolle ist ein gängiger Rohstoff. Zum Stoff gewebt ist sie atmungsaktiv, strapazierfähig und pflegeleicht und damit sehr beliebt bei verschiedensten Nähprojekten. Baumwolle lässt sich leicht bedrucken und ist daher als Druckstoff gut geeignet.

HANF

WAS ES IST: Fasern aus den Stängeln der Cannabis-Pflanze. Aus den Fasern werden Fäden gesponnen und diese zu Stoffen gewebt.

WAS ES KANN: Eine Naturfaser, die, ähnlich wie Baumwolle, zu unterschiedlichen Stärken verarbeitet werden kann und einen strapazierfähigen Naturstoff ergibt.

WARUM SIE ES VERWENDEN SOLLTEN: Wird ein mittelstarker bis dicker, atmungsaktiver Stoff benötigt, ist Hanf eine gute Wahl. Meist erhältlich in seiner natürlichen Farbe, oder mit Naturfarben unifarben gefärbt.

LEINEN

WAS ES IST: Aus den Stängeln der Flachspflanze gewonnen, werden die Fasern zu Fäden gesponnen und zu Stoffen gewebt.

WAS ES KANN: Leinen ist eine weit verbreitete Naturfaser, aus der sehr leichte Stoffe, aber ebenso festes Canvas, hergestellt werden.

WARUM SIE ES VERWENDEN SOLLTEN: Leinen lässt sich gut drapieren, weist aber gleichzeitig eine Festigkeit auf. Es knittert leicht und ist damit für Kleidungsstücke mit eingebügelten Falten oder Biesen gut geeignet.

SEIDE

WAS ES IST: Fasern, die aus den Kokons der Seidenraupe gewonnen werden. Seidenfasern werden zu Fäden gesponnen und zu Stoffen gewebt.

WAS ES KANN: Aus den hauchdünnen Seidenfasern werden sehr feine Seidenfäden produziert, aus denen fließende, luxuriöse Stoffe entstehen.

WARUM SIE ES VERWENDEN SOLLTEN: Erfordert ein Nähprojekt einen fließenden Stoff, ist Seide die optimale Wahl, zudem ist sie atmungsaktiv.

VISKOSE (RAYON)

WAS ES IST: Eine halb-synthetische Faser, chemisch hergestellt aus Zellulose. Aus den Viskosefäden werden gewebte Stoffe produziert.

WAS ES KANN: Durch chemische Behandlung entsteht ein leichtes Gewebe mit schönem Fall, oder auch verschiedene Strickstoffe wie Viskosejersey oder Modal.

WARUM SIE ES VERWENDEN SOLLTEN: Sind seidenähnliche Eigenschaften wie ein schöner Fall gewünscht, jedoch mit mehr Pflegeleichtigkeit, ist Viskose eine gute Wahl.

ALPAKAWOLLE

WAS ES IST: Wolle vom Alpaka, gesponnen und zu Wollstoffen verarbeitet.

WAS ES KANN: Alpakawolle enthält kein Lanolin (Wollfett), daher ist es eine weiche, warme und hypoallergene Alternative zu herkömmlicher Wolle.

WARUM SIE ES VERWENDEN SOLLTEN: Wird ein nicht vom Schaf stammender Wollstoff gewünscht, bieten Stoffe aus Alpakawolle eine ebenso große Auswahl an Qualitäten und Farben.

MUSSELIN

WAS ES IST: Ungefärbter oder gebleichter Stoff aus Baumwolle mit Leinwandbindung, erhältlich in verschiedenen Qualitäten.

WAS ES KANN: Früher stark in der Profi-Schneiderei verbreitet, wird der Stoff heute vor allem für die Anfertigung von Probemodellen, sogenannten Nesselmodellen, verwendet.

WARUM SIE ES VERWENDEN SOLLTEN: Ein Probemodell aus einem Stoff, der in der Qualität dem Stoff des Nähprojekts entspricht, liefert Hinweise zur Passform des fertigen Kleidungsstücks und ob es den Körper vorteilhaft betont.

CANVAS

WAS ES IST: Ein robuster Baumwollstoff mit Leinwandbindung.

WAS ES KANN: Aufgrund seiner Strapazierfähigkeit ist Canvas für Taschen aller Art sowie für Jacken ideal geeignet.

WARUM SIE ES VERWENDEN SOLLTEN: Ein robuster und atmungsaktiver Stoff. Erhältlich auch in wasserabweisenden Qualitäten zur Herstellung von Zelten, Segeln oder Kleidung.

WEBARTEN

WAS ES IST: Die Webart bzw. Bindung beschreibt die Art und Weise, in der Kett- und Schussfäden miteinander verwebt werden.

WAS ES KANN: Abhängig vom Muster verändert die Webart die Oberfläche des Stoffs, wie z.B. bei Drillich, Köperstoff und doppelt gewebten Baumwollstoffen.

WARUM SIE ES VERWENDEN SOLLTEN: Die Kenntnis der verschiedenen Webarten ermöglicht die Einschätzung, wie sich der Stoff bezüglich Fall, Waschbarkeit und eventuellem Einlaufen verhalten wird. Dann können Sie den für Ihr Projekt geeigneten Stoff auswählen.

SIEHE AUCH: Kettfäden, Seite 94, Schussfäden, Seite 94

LEINWANDBINDUNG

WAS ES IST: Die gebräuchlichste Bindung bei gewebten Stoffen.

WAS ES KANN: Die Schuss- und Kett--fäden kreuzen sich jeweils über und untereinander, so entsteht eine gitterartige, gerade Struktur.

WARUM SIE ES VERWENDEN SOLLTEN: Viele gewebte Stoffe werden mit Leinwandbindung hergestellt, da es die einfachste Webart ist, die zudem leicht zu bedrucken ist.

KÖPERBINDUNG

WAS ES IST: Webart mit Parallelrippen und diagonal verlaufenden Bindungslinien.

WAS ES KANN: Die Schussfäden verlaufen abwechselnd über einem oder mehreren, dann unter zwei oder mehreren Kettfäden und bilden so die diagonal verlaufenden Bindungslinien.

WARUM SIE ES VERWENDEN SOLLTEN: Basierend auf der Farbe der verwendeten Fäden entstehen durch die Webstruktur interessante Muster, zudem hat der Stoff einen schönen Fall.

PANAMABINDUNG

WAS ES IST: Eine Variante der Leinwandbindung mit einer Flechtstruktur.

WAS ES KANN: Schuss- und Kettfäden verlaufen paarweise; anstatt eines einzelnen Fadens werden mehrere Fäden zu einem „geflochtenen" Muster verwebt.

WARUM SIE ES VERWENDEN SOLLTEN: Panamastoffe sind sowohl in schweren Qualitäten (Möbel- und Polsterstoffe) als auch in locker gewebten Qualitäten erhältlich, die alle von der ansprechenden Webstruktur profitieren.

SATINBINDUNG

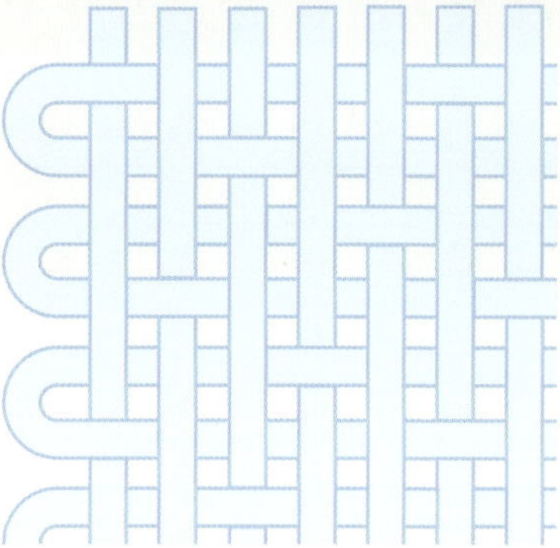

WAS ES IST: Eine Leinwandbindung, bei der die Vorderseite des Stoffs glänzender, die Rückseite etwas stumpfer wirkt. Stoffe mit Satinbindung werden meist aus Seide oder Polyester hergestellt.

WAS ES KANN: Vier oder mehr Kettfäden verlaufen über die Schussfäden, oder umgekehrt, sodass auf den jeweiligen Stoffseiten Kett- oder Schussfäden stärker hervortreten.

WARUM SIE ES VERWENDEN SOLLTEN: Die Stoffoberseite wirkt edel und das Material ist perfekt geeignet für feinere Kleidung sowie Unterwäsche.

RIPSBINDUNG

WAS ES IST: Variante der Leinwandbindung, bei der die Schussfäden dicker als die Kettfäden sind.

WAS ES KANN: Aufgrund der unterschiedlichen Fadenstärken entsteht eine gerippte Oberflächenstruktur.

WARUM SIE ES VERWENDEN SOLLTEN: Die Rippen bilden einen interessante Struktur, vor allem bei verschiedenfarbigen Kett- und Schussfäden.

PIQUÉ

WAS ES IST: Gewebte oder gestrickte Stoffe mit einer waffelartigen Oberflächenstruktur, auch als Marcella-Piqué bekannt.

WAS ES KANN: Beim Weben entstehen feine Rippen, die Stärke gut binden und dem Stoff die erforderliche Festigkeit für formelle Kleidungsstücke verleihen.

WARUM SIE ES VERWENDEN SOLLTEN: Gestricktes Piqué wird häufig für Polo-Hemden verwendet, gewebte Piquéstoffe für Jacketts und Fliegen bei formeller Herrenkleidung.

STRICKWARE

WWAS ES IST: Bei Strickware wird ein Faden schlaufenartig verstrickt, ähnlich wie beim Handstricken.

WAS ES KANN: Werden Fäden verstrickt anstatt verwebt, entsteht ein Stoff mit natürlicher Elastizität, der gut geeignet für Designs ist, die Dehnbarkeit erfordern.

WARUM SIE ES VERWENDEN SOLLTEN: Strickware wird vor allem bei Sport- und Freizeitkleidung, Unterwäsche sowie Badeanzügen verwendet, sie passt sich den Körperkonturen an, ohne die Bewegungsfreiheit einzuschränken.

WEBSTRUKTUREN

FISCHGRATMUSTER

WAS ES IST: Stoff mit Köperbindung, bei dem die Fäden zu einem v-förmigen Muster verwebt werden.

WAS ES KANN: Kann unifarben oder in verschiedenen Farben hergestellt werden, das Fischgratmuster ist jedoch dieser Webart vorbehalten.

WARUM SIE ES VERWENDEN SOLLTEN: Wird häufig bei Anzügen aus Wollstoffen oder bei Baumwollhemden verwendet. Ein zeitloses Muster!

SIEHE AUCH: Köperbindung, Seite 105

HAHNENTRITTMUSTER

WAS ES IST: Stoff mit Köperbindung, bei dem die Fäden ein markantes Karomuster bilden.

WAS ES KANN: Kett- und Schussfäden bilden die Karos. Jeweils zwei Fäden werden über-, dann untereinander verwebt. Bei jedem Karo verläuft ein zusätzlicher Faden nach vorne.

WARUM SIE ES VERWENDEN SOLLTEN: Ein traditionelles Schottenmuster, das seit Generationen für die Anzugherstellung eingesetzt wird.

SIEHE AUCH: Köperbindung, Seite 105

ARGYLE-MUSTER

WAS ES IST: Traditionelles Schottenmuster mit drei verschiedenfarbigen Fäden, die zu einem Rautenmuster gewebt werden.

WAS ES KANN: Argyle wird aus rautenförmigen Blöcken geformt, mit quer verlaufenden, die Rauten kreuzenden Linien.

WARUM SIE ES VERWENDEN SOLLTEN: Ein Muss bei traditioneller schottischer Kleidung und Socken.

JACQUARD

WAS ES IST: Gewebter Stoff, dazu gehören auch Brokat und Damast. Das Muster wird durch die Fäden und nicht durch auf die Stoffoberfläche aufgetragene Farbe gebildet.

WAS ES KANN: Entwickelt von Joseph Marie Jacquard. An einem Jacquard-Webstuhl lassen sich die Schussfäden frei bewegen, so können aufwendige Muster und auch kleinere Details ausgearbeitet werden.

WARUM SIE ES VERWENDEN SOLLTEN: Während bedruckte Stoffe mit der Zeit verblassen, bieten gewebte Jacquardmuster ein langlebiges Design.

TAFT

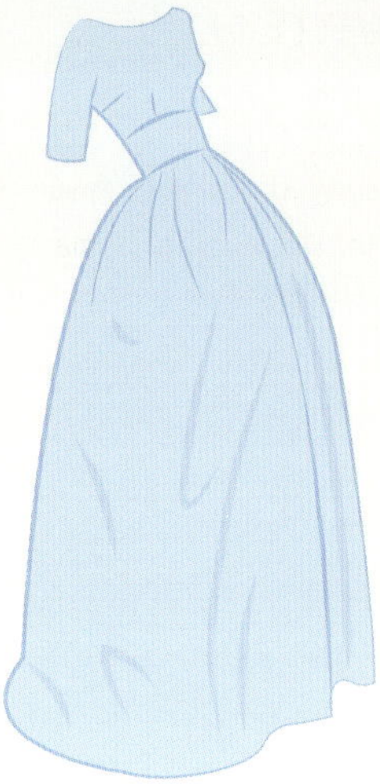

WAS ES IST: Stoff in Leinwandbindung mit festerem Griff, wird meist aus Seide oder Synthetik hergestellt.

WAS ES KANN: Fadengefärbter Taft, bei dem die Fäden vor dem Weben gefärbt werden, ist etwas steifer als der stückgefärbte Taft, bei dem der Stoff erst nach dem Weben seine Farbe erhält.

WARUM SIE ES VERWENDEN SOLLTEN: Für Abendgarderobe, die ihre Form halten soll, ist Taft besser geeignet als Seide oder Satin, die viel weicher sind.

SIEHE AUCH: Leinwandbindung, Seite 104

CHIFFON

WAS ES IST: Transparenter Stoff in Leinwandbindung, meist aus gedrehten Seiden- oder Synthetikfasern.

WAS ES KANN: Der transparente Stoff hat einen schönen Fall und wird häufig für festliche Kleider und Abendgarderobe verwendet.

WARUM SIE ES VERWENDEN SOLLTEN: Die kreppartige Textur, die durch die gedrehten Fasern entsteht, verleiht dem Stoff einen luxuriösen Effekt, der auch einfache Schnitte aufwertet.

CHINO-TWILL

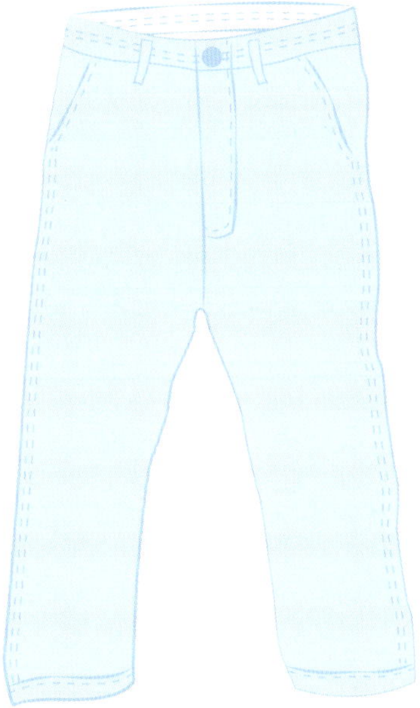

WAS ES IST: Stoff mit Köperbindung, meist aus reiner Baumwolle mittlerer Fadenstärke gewebt, manchmal auch als Baumwollmischgewebe hergestellt.

WAS ES KANN: Köperbindung und Naturfasern verleihen dem Stoff Robustheit, somit ist Chino gut geeignet für Hosen. Daraus entstanden die modischen Chinos.

WARUM SIE ES VERWENDEN SOLLTEN: Da der Stoff strapazierfähig genug für Soldatenhosen ist, wird er sicherlich auch robust genug für Ihre Hosen sein!

FIL-À-FIL

WAS ES IST: Ein Stoff, dessen Optik durch den Farbwechsel bei Kett- und Schussfäden entsteht.

WAS ES KANN: Die zwei Farben sorgen für ein subtiles Muster mit Tiefe und Textur.

WARUM SIE ES VERWENDEN SOLLTEN: Auch als Chambray bekannt, wird dieser Stoff häufig in der Maßkonfektion, für Hemden oder andere Bekleidung verwendet.

SATIN

WAS ES IST: Stoff in Satinbindung mit einer glänzenden Oberseite und einer matten Unterseite. Wird meist aus Seide oder Polyester hergestellt.

WAS ES KANN: Die Satinbindung, bei der vier oder mehr Kettfäden über den Schussfäden (oder umgekehrt verlaufen), produziert einen Stoff, bei dem entweder die Kett- oder die Schussfäden deutlicher hervortreten.

WARUM SIE ES VERWENDEN SOLLTEN: Beim Weben entsteht eine glänzende Oberfläche, deshalb ist Satin für festliche Kleidung, Dessous, Blusen und andere Kleidung mit fließendem Fall gut geeignet.

SIEHE AUCH: Satinbindung, Seite 106

FLANELL

WAS ES IST: Meist aus Baumwolle, Wolle oder synthetischen Fasern hergestellter Stoff. Der Webstoff wird mit einem feinen Metallkamm aufgeraut und dadurch weicher.

WAS ES KANN: Ein Stoff aus Naturfasern, der besonders weich und atmungsaktiv ist. Erhältlich in verschiedenen Qualitäten.

WARUM SIE ES VERWENDEN SOLLTEN: Wollflanell wird häufig für Anzüge verwendet, Baumwollflanell ist aufgrund seiner Weichheit für Kinderkleidung und Herrenhemden geeignet.

MOLESKIN

WAS ES IST: Mittelschwerer bis schwerer Baumwollstoff mit kurzem Flor auf der Oberseite, auf der Unterseite ist die Webstruktur sichtbar.

WAS ES KANN: Der Flor entsteht durch das Schmirgeln bzw. Aufrauen der Oberfläche, der Stoff fühlt sich samtartig an.

WARUM SIE ES VERWENDEN SOLLTEN: Moleskin ist weich und robust und somit eine strapazierfähige und pflegeleichte Alternative zu Samt.

SIEHE AUCH: Strichrichtung, Seite 121; Flor, Seite 120

DRILLICH

WAS ES IST: Stoff aus Naturfasern mit diagonaler Köperbindung.

WAS ES KANN: Die Köperbindung macht den Webstoff strapazierfähig, in Kombination mit dickeren Fäden ist der Stoff gut geeignet für Uniformen und Sportbekleidung.

WARUM SIE ES VERWENDEN SOLLTEN: Eine gute Wahl, wenn ein stabiler und widerstandsfähiger Stoff aus atmungsaktiven Naturfasern verwendet werden soll.

CORD

WAS ES IST: Gewebter Stoff, meist aus Baumwolle, mit parallel verlaufenden Längsrippen (auch „Wales“ genannt).

WAS ES KANN: Cord hat eine Strichrichtung. In einer Richtung ist die Oberfläche glatt, in der anderen rauer, wie Samt, nur mit Rippen.

WARUM SIE ES VERWENDEN SOLLTEN: Die Naturfasern machen Cord zu einem strapazierfähigen aber weichen Stoff, der je nach Qualität für Hosen, Jacken und Hemden gut geeignet ist.

VOILE

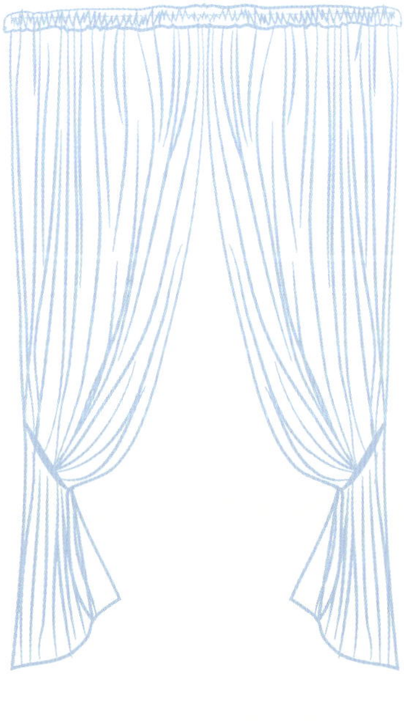

WAS ES IST: Ein hauchdünnes und häufig transparentes Gewebe aus Baumwolle oder Synthetik.

WAS ES KANN: Die Transparenz bietet viele Möglichkeiten, auch zum Kombinieren mehrerer Stofflagen bei Bekleidung oder Heimtextilien.

WARUM SIE ES VERWENDEN SOLLTEN: Die Transparenz eignet sich für Vorhänge, Loungewear und Sommerkleider.

STRETCHSTOFFE

WAS ES IST: Ein elastischer Faden verleiht dem Stoff Elastizität.

WAS ES KANN: Der Faden hat einen elastischen Kern. Bei der Verarbeitung in einem Stoff wird dieser in ein oder zwei Richtungen dehnbar.

WARUM SIE ES VERWENDEN SOLLTEN: Stretchstoffe sind für Sport- und Badebekleidung sowie formgebende Unterwäsche geeignet.

TOILE-DE-JOUY

WAS ES IST: Traditioneller, bedruckter Baumwollstoff, der seinen Ursprung im Europa des 18. Jahrhundert hat. Ein Probemodell wird ebenfalls als Toile bezeichnet.

WAS ES KANN: Ein weißer oder fast weißer Stoff, einfarbig mit einer pastoralen Szene bedruckt.

WARUM SIE ES VERWENDEN SOLLTEN: Die klassischen Toile-de-Jouy-Drucke sind seit vielen Generationen populär. Meist werden die Stoffe für Heimtextilien verwendet, seltener für Bekleidung.

SIEHE AUCH: Musselin, Seite 103

FILZ

WAS ES IST: Ein nicht-gewebter Stoff, meist aus Wolle oder synthetischen Fasern.

WAS ES KANN: Filz entsteht durch Pressen und Reiben der Rohfasern, die so in Form gebracht werden – ganz anders als bei Stoffen, die durch das Weben der Fasern entstehen.

WARUM SIE ES VERWENDEN SOLLTEN: Wird häufig beim Basteln verwendet. Filz kann geformt, geschnitten, geklebt und genäht werden. Da es keine Webstruktur hat, franst es im Gegensatz zu herkömmlichen Stoffen nicht aus, ist jedoch weniger strapazierfähig als Stoff, dies sollten Sie bei der Auswahl bedenken.

FRIES

WAS ES IST: Häufig wie Filz verwendet. Fries ist eine Gewebe aus Baumwolle oder Wolle, in der Regel in Grün oder Rot.

WAS ES KANN: Bildet keine Knötchen. Da es gewebt ist, ist Fries strapazierfähiger als Filz. Aufgrund der glatten Oberfläche wird Fries häufig für Billard- und Spieltische, Pinnwände sowie Dart-Bretter verwendet.

WARUM SIE ES VERWENDEN SOLLTEN: Eine nähbare Alternative zu Filz, mit größerer Strapazierfähigkeit, die jedoch häufig bei der Wahl des Materials übersehen wird.

DOUBLE GAUZE

WAS ES IST: Feiner, doppelt gewebter Baumwollstoff mit Dreherbindung.

WAS ES KANN: Die Dreherbindung, bei der zwei Kettfäden um einen Schussfaden gedreht werden, produziert einen kräftigen, aber leichten Stoff. Die Stoflagen werden in kleinen Abständen zusammengewebt, um die doppelte Stoffschicht zu bilden.

WARUM SIE ES VERWENDEN SOLLTEN: Der Stoff ist weich und hat einen schönen Fall, deshalb eignet er sich gut als Dekostoff, sowie für Bekleidung, auch Kinderkleidung.

AIDA

WAS ES IST: Locker, aber gleichmäßig gewebter Baumwollstoff, erhältlich in verschiedenen Farben.

WAS ES KANN: Wird häufig für Kreuzsticharbeiten verwendet. Die Webstruktur dient als Raster beim Zählen und Besticken.

WARUM SIE ES VERWENDEN SOLLTEN: Zwar lässt sich fast jeder Stoff besticken, doch beim Kreuzstich muss viel gezählt werden. Dieser Stoff erleichtert das gleichmäßige Besticken.

TEXTILDRUCK

WAS ES IST: Der Textildruck ermöglicht das Aufbringen von Motiven auf den Stoff mithilfe verschiedener Druckverfahren.

WAS ES KANN: Im Gegensatz zu gewebten Designs wie Jacquard, bei dem das Motiv oder Muster durch die Schuss- und Kettfäden gebildet wird, wird beim Textildruck das Muster auf den fertig gewebten Stoff aufgebracht.

WARUM SIE ES VERWENDEN SOLLTEN: Bedruckte Stoffe sind in einer Vielzahl von Stilrichtungen erhältlich, beschränken Sie sich also nicht auf gewebte Stoffe, denn die Auswahl an bedruckten Stoffen ist vielfältig.

SIEHE AUCH: Jacquard, Seite 109

MOTIV

WAS ES IST: Das auf dem Stoff abgebildete Motiv, es kann aufgedruckt, aufgestempelt oder eingewebt sein.

WAS ES KANN: Ein Motiv, klein oder groß, schmückt einen ansonsten unifarbenen Stoff.

WARUM SIE ES VERWENDEN SOLLTEN: Einfarbige Stoffe haben durchaus ihren Sinn und Zweck, ein Motivstoff eröffnet jedoch neue kreative Möglichkeiten.

RAPPORT

WAS ES IST: Der Abstand, in dem das Muster auf dem Stoff wiederholt wird.

WAS ES KANN: Einige Stoffe haben ein Einzelmotiv, das in verschiedenen Abständen wiederholt wird, der Stoffhintergrund ist dabei sichtbar. Andere, größere Muster werden ohne Unterbrechung wiederholt.

WARUM SIE ES VERWENDEN SOLLTEN: Die Größe des Rapports kann einen Stoff unruhig wirken lassen – ein Einzelmotiv ist weniger auffällig als ein großflächiges Druckmuster.

MUSTERRICHTUNG

WAS ES IST: Ein bedruckter Stoff hat ein deutlich erkennbares „Oben“ und „Unten“.

WAS ES KANN: Bei einem Stoff mit Musterrichtung müssen alle Schnittteile in der gleichen Richtung zugeschnitten werden, sodass auch beim fertigen Projekt das Motiv durchgehend in die gleiche Richtung zeigt.

WARUM SIE ES VERWENDEN SOLLTEN: Die schönsten Stoffe haben oft eine Musterrichtung! Denken Sie daran, etwas mehr Stoff zu kaufen, damit beim Zuschneiden alle Schnittteile in der gleichen Richtung aufgelegt werden können.

BORDERPRINTS

WAS ES IST: Muster, das an den Webkanten entlang verläuft und als Blickfang agiert.

WAS ES KANN: Ein Borderprint verläuft im Querfadenlauf und hat häufig eine vorgegebene Musterrichtung.

WARUM SIE ES VERWENDEN SOLLTEN: Mit einem Borderprint lassen sich Kleidungsstücke im Nu individuell gestalten, da das Muster nach Wunsch platziert werden kann, z.B. am Saum oder am Ausschnitt.

FLOR

WAS ES IST: Die aufrecht stehenden Fasern eines Gewebes.

WAS ES KANN: Der Flor entsteht durch zusätzliche Kettfäden, die auf der Oberfläche des Stoffs aufrecht stehen bleiben. Bei einigen Stoffen werden die Fadenschlingen nicht bearbeitet, bei anderen werden sie zurückgeschnitten.

WARUM SIE ES VERWENDEN SOLLTEN: Zu den Florstoffen zählen Kunstfell und Samt, beide erfüllen bestimmte Aufgaben bei besonderen Nähprojekten.

STRICHRICHTUNG

WAS ES IST: Die Textur eines Florstoffs.

WAS ES KANN: Florstoffe wie Samt oder Cord haben eine bestimmte Strichrichtung, da der Stoff das Licht unterschiedlich reflektiert. Florstoffe sollten nur in einer Richtung zugeschnitten werden, da es durch den Lichteinfall sonst zu Farbunterschieden kommen kann.

WARUM SIE ES VERWENDEN SOLLTEN: Florstoffe sind angenehm zu tragen und sehr beliebt für Kostüme und bei der Maßkonfektion.

SIEHE AUCH: Mit Strichrichtung, Seite 138

STOFFRESTE

WAS ES IST: Reste eines Stoffs, z.B. vom Stoffballen im Stoffgeschäft.

WAS ES KANN: Stoffgeschäfte bieten Stoffreste häufig preiswerter an.

WARUM SIE ES VERWENDEN SOLLTEN: Stoffreste sind eine günstige Möglichkeit der Stoffbeschaffung für kleinere Projekte oder zum Quilten.

STOFFPAKETE

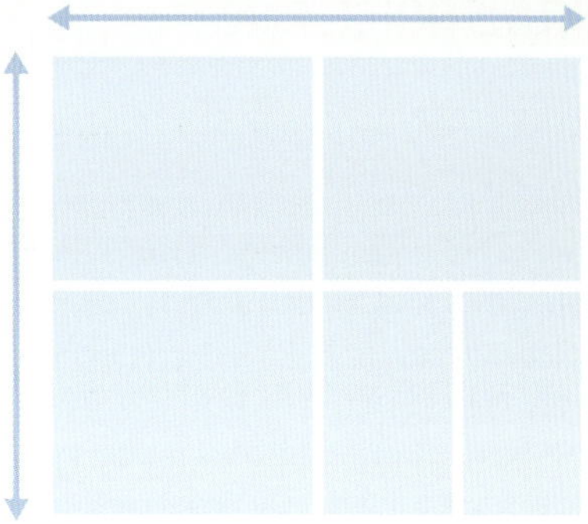

WAS ES IST: Vorgeschnittene Stoffstücke für kleinere Projekte und zum Quilten.

WAS ES KANN: Vom kleinsten bis zum größten Format gelten die folgenden Standardgrößen: Mini Charm (6 x 6 cm); Charm (13 x 13 cm); Jelly Roll (6 x 112 cm); Layer Cake (25,5 x 25,5 cm); Fat Eighth (23 x 53 cm); Fat Quarter (46 x 53 cm).

WARUM SIE ES VERWENDEN SOLLTEN: Stoffpakete sind praktisch zum Quilten und wenn mehrere Stücke gleicher Größe benötigt werden. Mit Stoffzuschnitten verkürzt sich die Zuschneidezeit erheblich.

SIEHE AUCH: Quiltstich, Seite 88; Quilten, Seite 186

QUILTBLOCK

WAS ES IST: Einer der vielen Einzelteile, die zusammengesetzt die Oberseite des Quilts bilden.

WAS ES KANN: Ein Block kann ein einfaches, einzelnes Quadrat sein, oder eine Serie von Motiven, die im Fussy Cut Stil ausgeschnitten und zusammengenäht wurden. Die Blöcke werden dann für die Quiltoberseite zusammengesetzt.

WARUM SIE ES VERWENDEN SOLLTEN: Traditionell wird der optische Mittelpunkt eines Quilts mithilfe von Quiltblöcken gearbeitet. Zur Auswahl stehen Tausende von verschiedenen Designs.

QUILTRÜCKSEITE

WAS ES IST: Die untere Seite eines fertiggestellten Quilts.

WAS ES KANN: Im Gegensatz zur Quiltoberseite dient die Rückseite nicht als Blickfang und wird meist aus einem Stoff, evtl. mit einigen optischen Akzenten genäht.

WARUM SIE ES VERWENDEN SOLLTEN: Ohne Rückseite kann kein Quilt fertiggestellt werden, aber auch das Nähen der Rückseite kann Spaß machen – gestalten Sie diese so auffällig oder zurückhaltend wie Sie möchten.

SIEHE AUCH: Quiltstich, Seite 88; Quilten, Seite 186

WATTIERUNG

WAS ES IST: Die mittlere Lage des Quilts, meist aus Baumwolle, Polyester oder Bambus.

WAS ES KANN: Die Wattierung verleiht Volumen und bestimmt die Dicke des fertigen Quilts.

WARUM SIE ES VERWENDEN SOLLTEN: Ein Quilt kann auch ohne Wattierung aus zwei gequilteten Stofflagen angefertigt werden, aber die Wattierung wärmt und verleiht Volumen.

VORSCHRUMPFEN

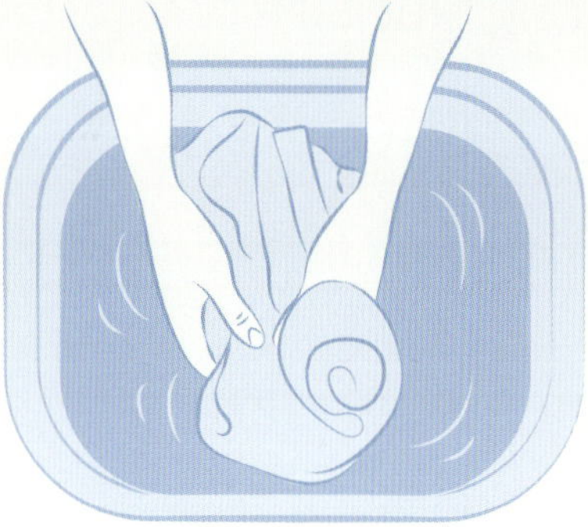

WAS ES IST: Die Vorbereitung des Stoffs für das Zuschneiden und Nähen durch Waschen und Trocknen.

WAS ES KANN: Diese Vorbehandlung gewährleistet, das ein Einlaufen des Stoffs bei Kontakt mit Wasser oder Wärme vor dem Nähen geschieht, nicht erst nach Fertigstellung des Projekts.

WARUM SIE ES VERWENDEN SOLLTEN: Läuft das mühevoll genähte Kleidungsstück nach dem Waschen ein, könnte es nicht mehr richtig passen.

MERZERISIEREN

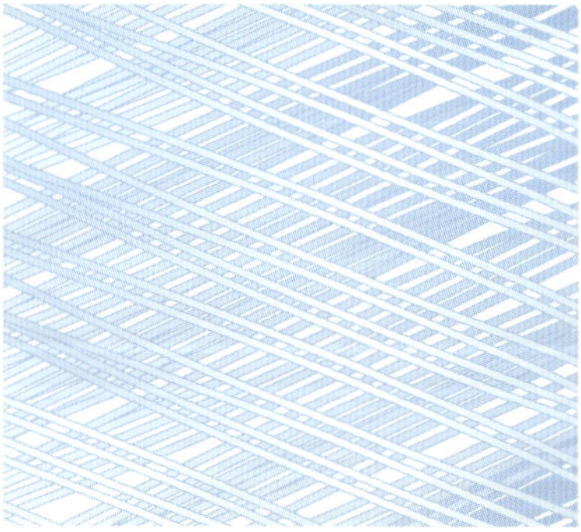

WAS ES IST: Baumwollfäden und -stoff erhalten durch die Behandlung Glanz und Festigkeit

WAS ES KANN: Baumwolle wird mit Natronlauge behandelt, um die Fasern zu vergrößern, dann folgt ein Säurebad zum Neutralisieren. Der Stoff schrumpft und erhält eine glattere, glänzendere Oberfläche.

WARUM SIE ES VERWENDEN SOLLTEN: Wenn Sie Stoff selbst färben möchten, sollten Sie merzerisierte Stoffe verwenden, sie nehmen Farbe besser an als unbehandelte Stoffe.

FARBECHTHEIT

WAS ES IST: Ein farbechter Stoff wird nicht ausbleichen oder verblassen, sondern dauerhaft seine ursprüngliche Farbe behalten.

WAS ES KANN: In der Stoffherstellung wird die Färbung vorbehandelt, um ein Ausbluten oder Verlaufen beim Waschen und Trocknen oder ein Ausbleichen durch Lichteinwirkung zu verhindern.

WARUM SIE ES VERWENDEN SOLLTEN: Ist ein Stoff nicht farbecht, könnte er beim Waschen auf andere Stücke abfärben. Falls Sie sich nicht sicher sind, waschen Sie den Stoff die ersten Male separat.

WEBSTUHL

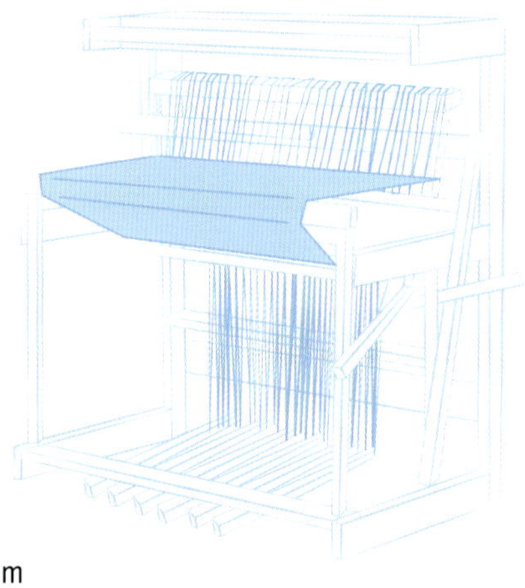

WAS ES IST: Gerät in unterschiedlichen Größen, vom Handapparat bis zum raumfüllenden Modell zum Weben von Fäden zu einem Stoff.

WAS ES KANN: Die Kettfäden werden in die Webmaschine gespannt, um die Stofflänge vorzugeben. Weitere Fäden werden zwischen die Kettfäden gewebt, so ergibt sich die Stoffbreite.

WARUM SIE ES VERWENDEN SOLLTEN: Eine Webmaschine als Handgerät kann zum Anfertigen kleiner Dinge wie Topflappen oder Untersetzer verwendet werden. Größere Webmaschinen werden zur Herstellung größerer Stoffbahnen eingesetzt. Mit einem selbst hergestellten Stoff lassen sich Nähprojekte wunderbar individualisieren.

6. KAPITEL

SCHNITTMUSTER- & BEKLEIDUNGS-BEGRIFFE

SCHNITTMUSTER

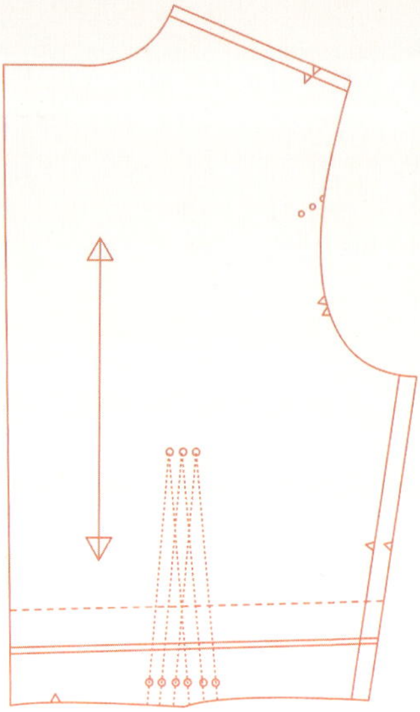

WAS ES IST: Die Vorlage und Nähanleitung für ein Nähprojekt.

WAS ES KANN: Das Schnittmuster besteht aus Schnittzeichnungen, die erst aus Papier und dann aus Stoff zugeschnitten werden. Die Anleitung gibt vor, wie die Schnittteile zusammengefügt werden.

WARUM SIE ES VERWENDEN SOLLTEN: Für ein Nähprojekt müssen Sie entweder ein vorhandenes Schnittmuster verwenden oder ein eigenes entwerfen.

DRAPIEREN

WAS ES IST: Kreieren eines Kleidungsstück durch Drapieren des Stoffs an einer Schneiderpuppe.

WAS ES KANN: Die Schnittmusterentwicklung erfolgt entweder durch Drapieren des Stoffs auf der Büste oder durch Aufzeichnen benötigter Schnittteile auf Papier. Das Drapieren zeigt, wie sich der Stoff verhält und dreidimensional der Silhouette anpasst.

WARUM SIE ES VERWENDEN SOLLTEN: Für einen Designer kann es hilfreich sein, festzustellen, wie der Stoff sich an den Körperkonturen verhält, anstatt den endgültigen Effekt nur anhand einer zweidimensionalen Zeichnung zu visualisieren.

SCHNITTMUSTERZEICHNUNG

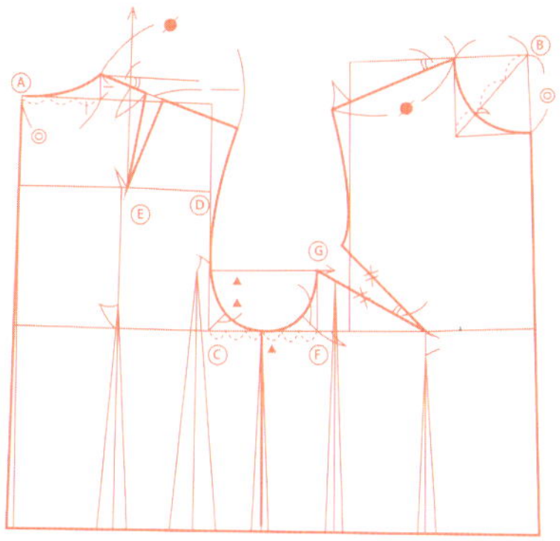

WAS ES IST: Das Erstellen eines Schnittmusters auf Papier.

WAS ES KANN: Ist der Designer nach dem Drapieren bereit, ein Schnittmuster zu erstellen, wird die dreidimensionale Form zu einer zweidimensionalen verändert. Alle Schnittmustermarkierungen und Nahtzugaben werden hinzugefügt.

WARUM SIE ES VERWENDEN SOLLTEN: Mithilfe von Schnittmusterzeichnungen kann dasselbe Modell immer wieder nachgenäht werden. Zudem können Schnittkorrekturen vermerkt werden.

SCHNITTMUSTERPAPIER

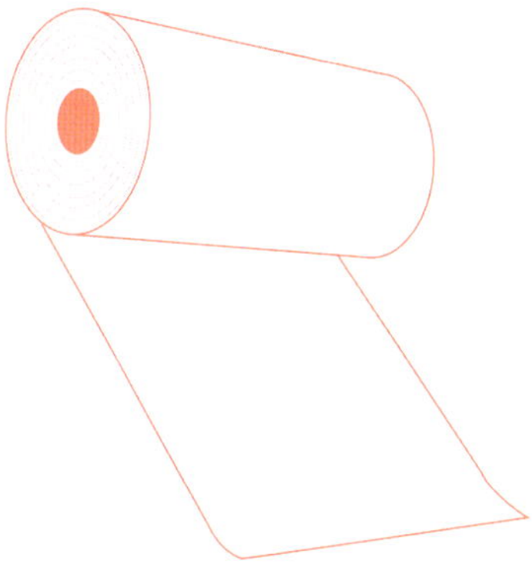

WAS ES IST: Seidenpapier mit aufgedrucktem Schnittmuster, weißes Papier zum Entwerfen von Schnittmustern und festeres Papier zur Fertigstellung des Schnittmusters.

WAS ES KANN: In den verschiedenen Phasen der Schnittmustererstellung werden verschiedene Papierarten verwendet.

WARUM SIE ES VERWENDEN SOLLTEN: Die aufgezeichneten Schnittteile sind die Grundlage für das gesamte Projekt, wie der Grundriss beim Hausbau.

BASISSCHNITT

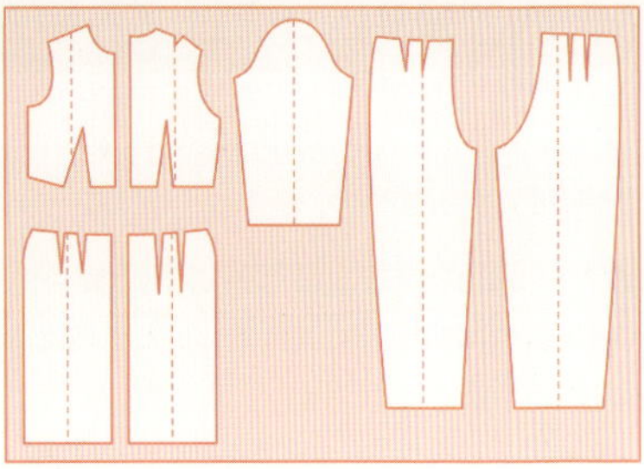

WAS ES IST: Ein individueller Grundschnitt für Röcke, Oberteile, Hosen und Kleider.

WAS ES KANN: Ein Basisschnittmuster, abgestimmt auf Ihre individuellen Maße, das für weitere Schnittmustervariationen verwendet wird.

WARUM SIE ES VERWENDEN SOLLTEN: Wenn Sie erst einmal einen Basisschnitt erstellt haben, sind der Kreativität keine Grenzen mehr gesetzt. Anhand eines Basisschnitts für ein Oberteil können Sie beispielsweise den Halsausschnitt nach Wunsch verändern.

ARMAUSSCHNITT

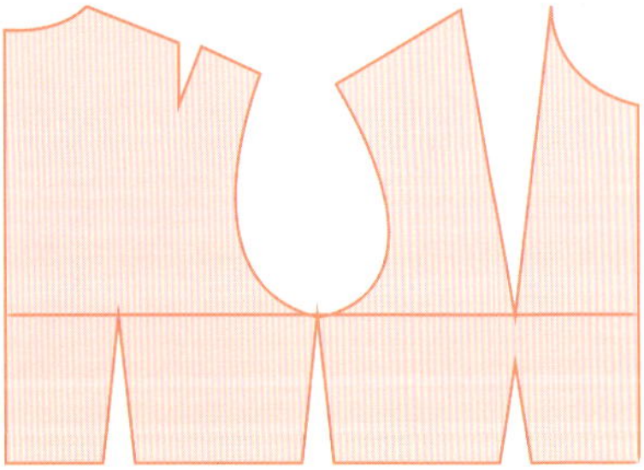

WAS ES IST: Die Rundung des Schnittmusters von der oberen vorderen Schulter, unter dem Arm und der oberen hinteren Schulterpartie.

WAS ES KANN: Bestimmt die Form des Oberteils Ihres Kleidungsstücks und wie es sich an den Körper, Arm und – falls vorhanden – einen Ärmel, anpasst.

WARUM SIE ES VERWENDEN SOLLTEN: Bei Nähprojekten mit eingesetzten Ärmeln, Armkugeln oder auch ärmelloser Kleidung ist der Armausschnitt entscheidend für die Passform.

GRADIEREN

WAS ES IST: Vergrößerung oder Verkleinerung eines Schnittteils von seiner ursprünglichen zu einer anderen Größe.

WAS ES KANN: Designer entwickeln das Schnittmuster in einer bestimmten Größe, dieses wird auf weitere Größen gradiert, um vielen Körperformen und Maßen gerecht zu werden.

WARUM SIE ES VERWENDEN SOLLTEN: Liegt ein Schnittmuster in mehreren Größen vor, kann es von mehreren Näherinnen verwendet werden.

GRÖSSENSATZ

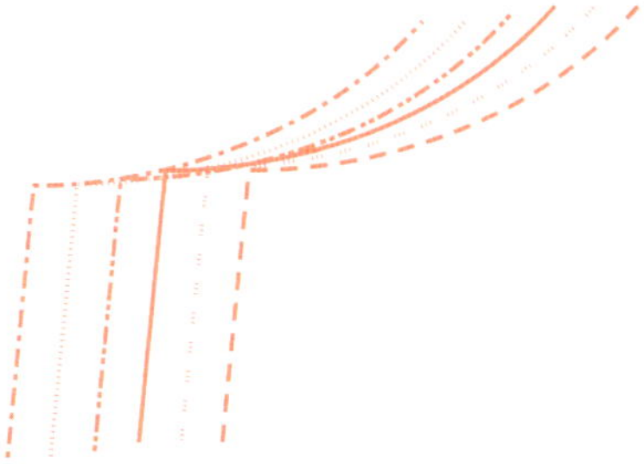

WAS ES IST: Mehrere Größen sind nebeneinander auf einem Schnittbogen angezeichnet.

WAS ES KANN: In den Bereichen, die bei allen Größen gleich ausfallen, liegen die Hilfslinien übereinander. Weichen die Maße ab, verändern sich die Abstände der Konturen.

WARUM SIE ES VERWENDEN SOLLTEN: Der Größensatz erleichtert Änderungen innerhalb der Konfektionsgrößen, wenn eine Größe nicht durchgängig passt.

NAHTLINIE

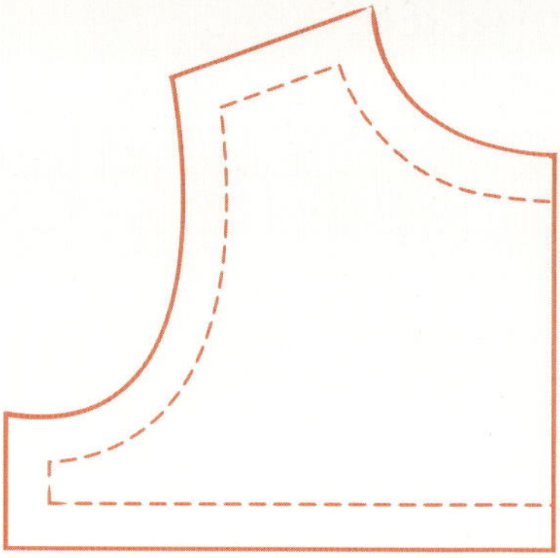

WAS ES IST: Die Linie neben der Schnittkante, entlang der die Schnittteile zusammengenäht werden.

WAS ES KANN: Ist die Nahtzugabe im Schnittteil bereits enthalten, entspricht diese dem Abstand zwischen Schnittkante und Nahtlinie. Bedenken Sie, dass die Nahtlinie meist nicht angezeichnet ist. Einige Schnittmuster enthalten keine Nahtzugabe, hier ist die äußere Linie die Nahtlinie (nicht die Zuschneidelinie).

WARUM SIE ES VERWENDEN SOLLTEN: Sich an die vorgegebenen Nahtlinien zu halten, garantiert ein Nähergebnis in gewünschter Größe und Passform, basierend auf dem ursprünglichen Modell.

SIEHE AUCH: Nahtzugabe, Seite 137

SCHNEIDELINIE

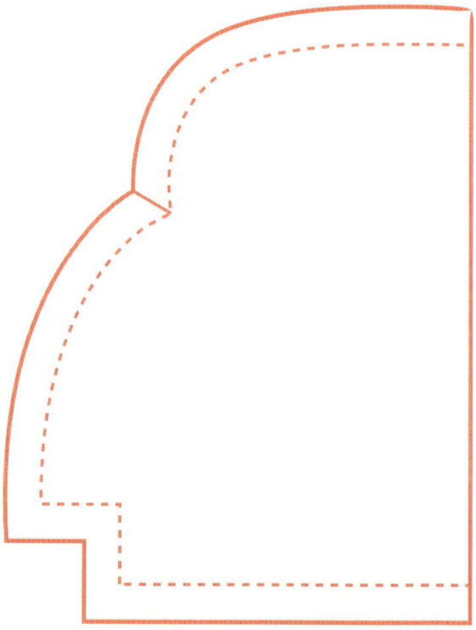

WAS ES IST: Die äußere Linie eines Schnittteils.

WAS ES KANN: Die Zuschneidelinien werden unterschiedlich dargestellt, um zwischen verschiedenen Größen unterscheiden zu können. Sie müssen den Konturen für die jeweilig gewünschte Größe folgen.

WARUM SIE ES VERWENDEN SOLLTEN: Folgen Sie einer falschen Linie, verändert sich die Form des Schnittteils, oder Sie nähen aus Versehen eine andere Größe.

SIEHE AUCH: Größensatz, Seite 131; Nahtzugabe, Seite 137

BALANCEPUNKTE

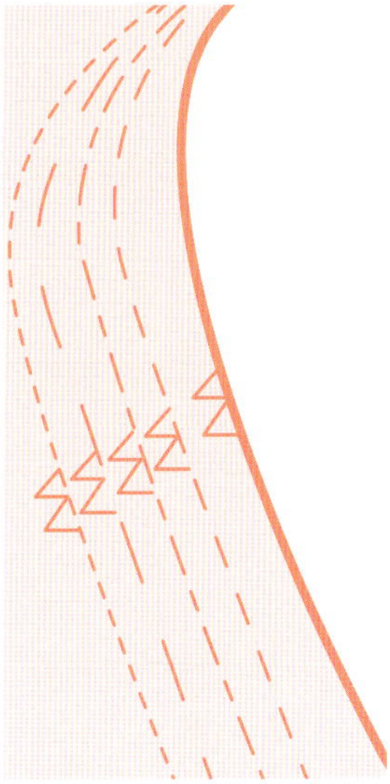

WAS ES IST: Im Schnittmuster vorgegebene Punkte, die für Balance im fertigen Kleidungsstück sorgen.

WAS ES KANN: Kerben oder andere Markierungen werden an bestimmten Stellen gesetzt. Damit stellt der Designer sicher, dass ein Kleidungsstück links und rechts oder vorne und hinten die gleiche Länge aufweist.

WARUM SIE ES VERWENDEN SOLLTEN: Das Tragen eines schief sitzenden Kleidungsstücks macht wenig Freude.

DOPPELLINIEN

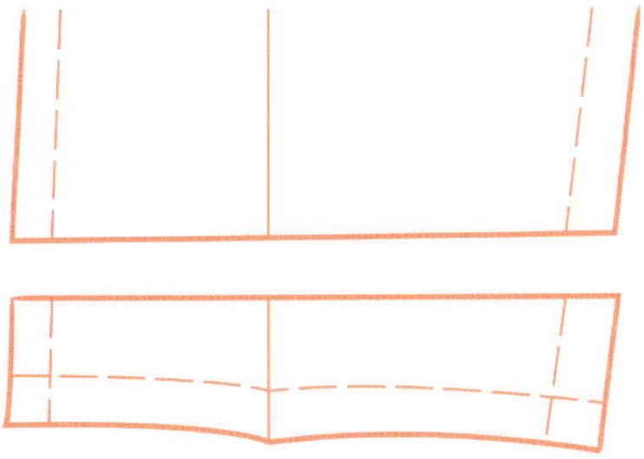

WAS ES IST: Linien auf dem Schnittmuster mit der Angabe „hier verlängern oder verkürzen“.

WAS ES KANN: Zeigt auf der Grundlage der Designvorgaben die optimale Position zum Schneiden und Verlängern oder zum Kürzen des Schnittteils.

WARUM SIE ES VERWENDEN SOLLTEN: Ein Schnittteil sollte nicht an entscheidenden Konstruktionsstellen verlängert oder verkürzt werden, daher ist es empfehlenswert, sich an die Vorgaben des Designers zu halten.

KNIPSE

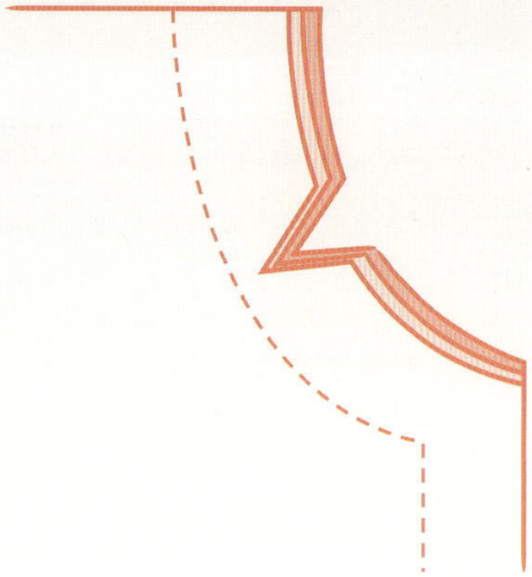

WAS ES IST: Linie oder Dreieck entlang der Schneidelinie eines Schnittteils.

WAS ES KANN: Die Kerben werden geschnitten oder geknipst und zeigen an, wie die Stoffteile während der Konstruktion angesetzt werden müssen.

WARUM SIE ES VERWENDEN SOLLTEN: Die Markierungen stellen sicher, dass die Schnittteile korrekt aneinandergesetzt werden, achten Sie also auf die Kerben.

SAUMLINIE

WAS ES IST: Linie in der Nähe eines Rock-, Hosen- oder Ärmelsaums.

WAS ES KANN: Nähprojekte enthalten Stoffzugaben für den Saum – die Saumzugabe. Diese wird durch die Saumlinie gekennzeichnet.

WARUM SIE ES VERWENDEN SOLLTEN: Die Saumbreite wird entsprechend der gewünschten Länge des Kleidungsstücks berechnet, kann aber nach individuellen Wünschen verändert werden.

MARKIERUNGSPUNKTE

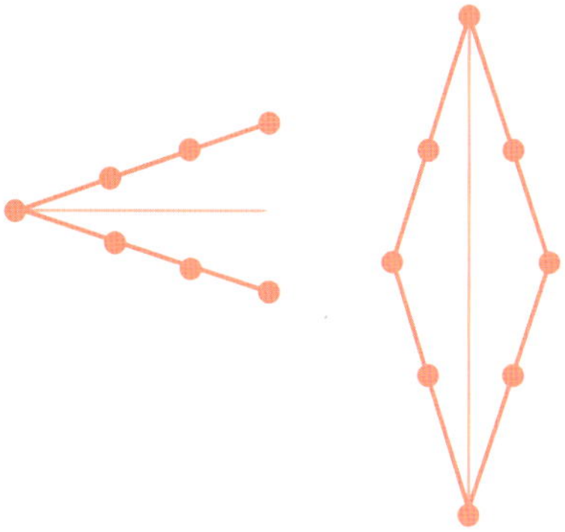

WAS ES IST: Punktförmige Markierung auf einem Schnittteil.

WAS ES KANN: Die Punkte kennzeichnen wichtige Konstruktionselemente wie oberes oder unteres Ende eines Reißverschlusses oder den Brustpunkt. Dient auch als Markierung zum Einhalten o. Ä.

WARUM SIE ES VERWENDEN SOLLTEN: Alle Schnittmustermarkierungen sind für ein ordentliches Nähergebnis entscheidend, die Punkte bilden keine Ausnahme.

STOFFBRUCH

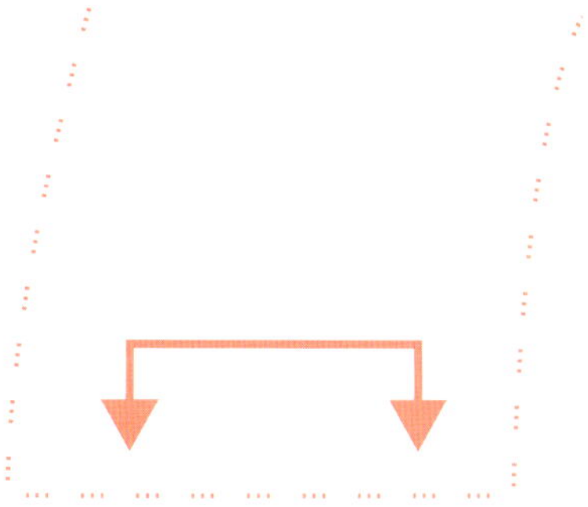

WAS ES IST: Eine Linie mit Pfeilen, die in eine bestimmte Richtung des Schnittteils zeigen.

WAS ES KANN: Zeigt an, dass diese Seite des Schnittteils auf den Stoffbruch gelegt werden muss.

WARUM SIE ES VERWENDEN SOLLTEN: Muss im Stoffbruch zugeschnitten werden und Sie tun dies nicht, wird das zugeschnittene Stoffstück nur halb so groß wie vorgegeben. Meistens kann es dann nicht mehr verwendet werden.

GRÖSSENANGABEN FERTIGES KLEIDUNGSSTÜCK

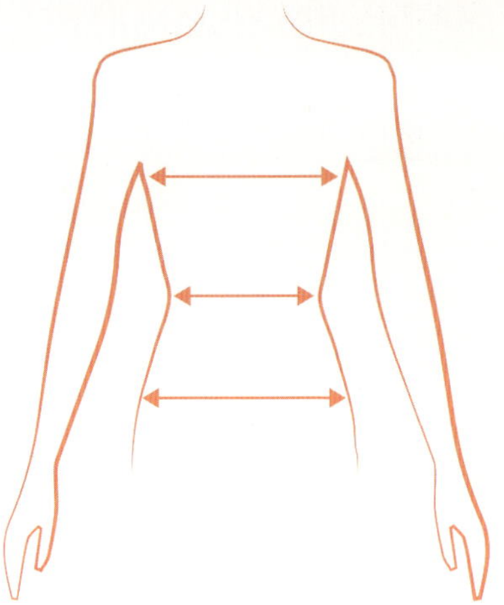

WAS ES IST: Hier werden die Maße des fertiggestellten, nach Anleitung genähten Kleidungsstücks angegeben.

WAS ES KANN: Anhand der Maße lässt sich einschätzen, wie das Kleidungsstück zum Körper passt, es erleichtert die Wahl der korrekten Schnittmustergröße auch anhand der Mehrweite.

WARUM SIE ES VERWENDEN SOLLTEN: Modelle haben unterschiedliche Mehrweiten, der Vergleich mit den individuellen Körpermaßen erleichtert die Wahl der richtigen Schnittmustergröße.

MEHRWEITE

WAS ES IST: Die Distanz zwischen dem Körper und dem Kleidungsstück.

WAS ES KANN: Ein Kleidungsstück mit körpernaher Passform wird 5 cm oder weniger Mehrweite haben, eine weite Passform eine Mehrweite von 7,5 cm oder mehr. Strickstücke, die sich dehnen, können eine negative Mehrweite haben, das fertige Kleidungsstück ist also kleiner als die Körpermaße. Die Mehrweite variiert abhängig vom Kleidungsstil und den Vorstellungen des Herstellers.

WARUM SIE ES VERWENDEN SOLLTEN: Einige Kleidungsstücke sollten eng anliegen, andere eine weite Passform aufweisen – das Wissen um die Unterschiede erleichtert das Nähen und Tragen des Nähprojekts.

ZUSCHNEIDEPLAN

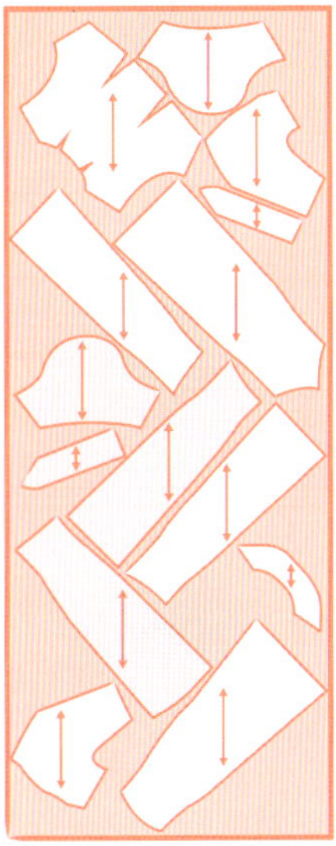

WAS ES IST: Zeigt, wie die Schnittteile zum Zuschneiden auf dem Stoff ausgelegt werden müssen.

WAS ES KANN: Die Designer geben vor, wie die Schnittteile möglichst sparsam unter Berücksichtigung spezieller Vorgaben aus dem Stoff zugeschnitten werden können.

WARUM SIE ES VERWENDEN SOLLTEN: Schauen Sie sich den Zuschneideplan genau an, um sicherzustellen, dass Teile, die z.B. im Stoffbruch oder im schrägen Fadenlauf zugeschnitten werden müssen, auch korrekt zugeschnitten werden.

SIEHE AUCH: Schrägfadenlauf, Seite 98

NAHTZUGABE

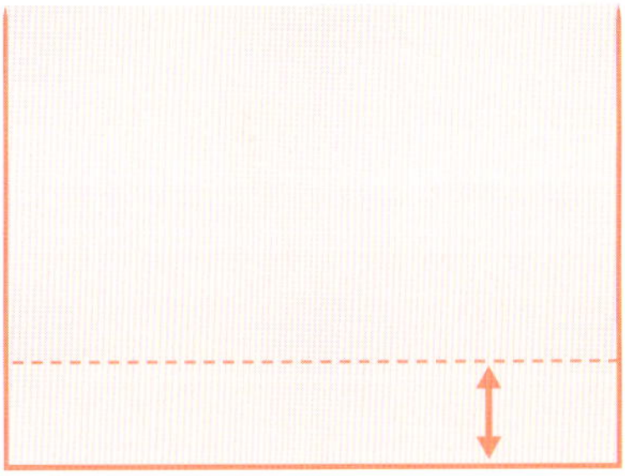

WAS ES IST: Die Distanz zwischen Schneide- und Nahtlinie.

WAS ES KANN: Schnittmuster mit bereits enthaltener Nahtzugabe benötigen etwas mehr Stoff zwischen der Schneide- und Nahtlinie. Die Nahtzugabe kann variieren, üblich ist eine Nahtzugabe von 1,5 cm.

WARUM SIE ES VERWENDEN SOLLTEN: Wird beim Nähen die vorgegebene Nahtzugabe nicht eingehalten, sitzt das fertige Kleidungsstück nicht richtig und die Schnittteile passen nicht korrekt aneinander.

SIEHE AUCH: Schneidelinie, Seite 132; Nahtlinie, Seite 132

MIT STRICHRICHTUNG

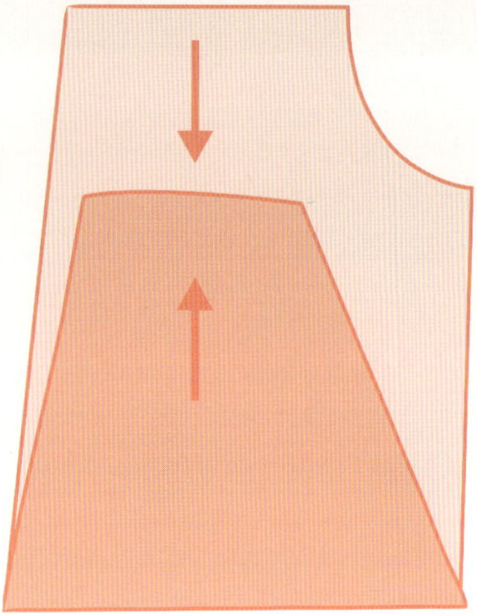

WAS ES IST: Stoff mit Strichrichtung.

WAS ES KANN: Der Zuschneideplan enthält möglicherweise eine Empfehlung für das Auflegen auf Stoffen mit Strichrichtung, damit alle Schnittteile in der gleichen Richtung zugeschnitten werden.

WARUM SIE ES VERWENDEN SOLLTEN: Bei Stoffen mit Strichrichtung oder Mustern mit Richtung ist es wichtig, dass alle Schnittteile in der gleichen Richtung aufgelegt werden. Ist in der Anleitung keine Angabe für die benötigte Stoffmenge für einen Stoff mit Richtung enthalten, müssen Sie den Mehrbedarf selbst ermitteln.

SIEHE AUCH: Zuschneideplan, Seite 137; Musterrichtung, Seite 119; Strichrichtung, Seite 121

OHNE STRICHRICHTUNG

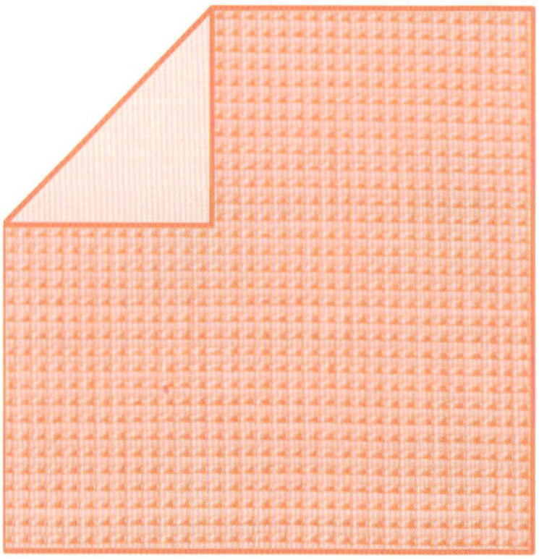

WAS ES IST: Ein Stoff ohne Strichrichtung.

WAS ES KANN: Das Schnittmuster enthält eventuell einen Zuschneideplan für Stoffe mit oder ohne Strichrichtung. Hat der Stoff keine Strich- oder Musterrichtung, kann der Zuschneideplan so verändert werden, dass beim Zuschneiden weniger Stoff benötigt wird.

WARUM SIE ES VERWENDEN SOLLTEN: Bei Allover-Print-Mustern oder einfarbigen Stoffen können die Schnittteile in die eine oder die andere Richtung aufgelegt werden.

OBERWEITE EINFÜGEN

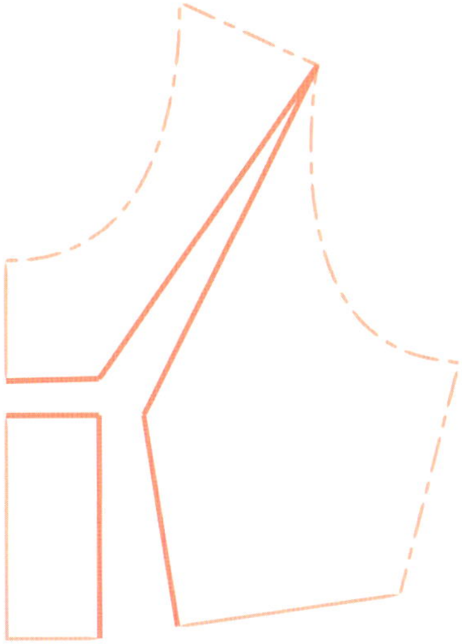

WAS ES IST: Schnittkorrektur für eine Oberweite, die größer als im Schnitt vorgesehen ist.

WAS ES KANN: Die Oberweitenregulierung verändert die Form des Schnittteils im Brustbereich von einem kleineren zu einem größeren Brustumfang.

WARUM SIE ES VERWENDEN SOLLTEN: Entspricht der Körper einer bestimmten Schnittgröße, der Brustumfang jedoch einer größeren Größe, wird eine Oberweitenregulierung nur die Brustpartie vergrößern, die übrigen Schnittteile behalten die ursprüngliche Größe.

OBERWEITE REDUZIEREN

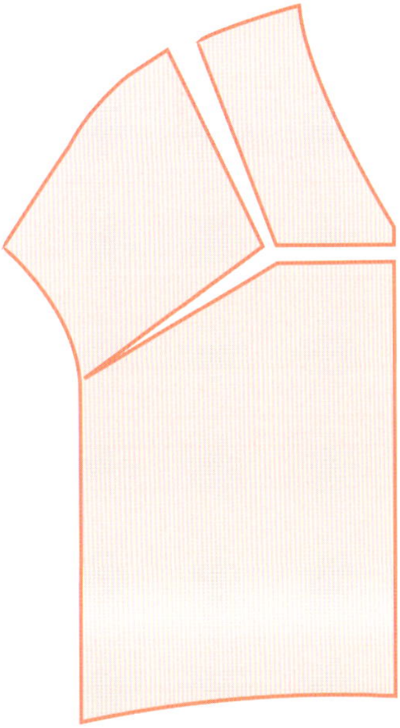

WAS ES IST: Schnittkorrektur für eine Oberweite, die kleiner als im Schnitt vorgesehen ist.

WAS ES KANN: Die Oberweitenregulierung verändert die Form des Schnittteils im Brustbereich von einem größeren zu einem kleineren Brustumfang.

WARUM SIE ES VERWENDEN SOLLTEN: Entspricht der Körper einer bestimmten Schnittgröße, der Brustumfang jedoch einer kleineren Größe, wird eine Oberweitenregulierung nur die Brustpartie verkleinern, die übrigen Schnittteile behalten die ursprüngliche Größe.

ABNÄHER

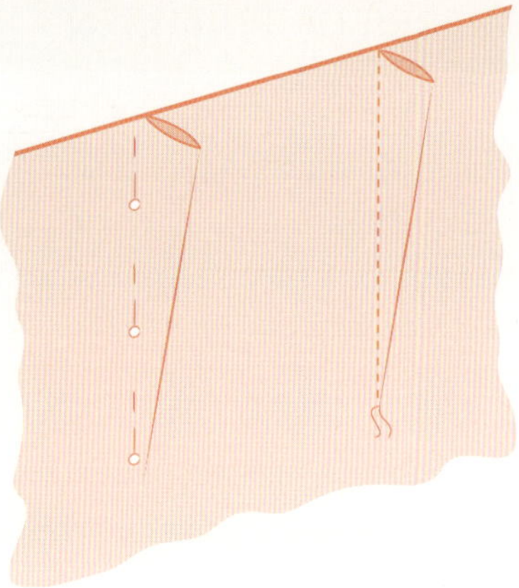

WAS ES IST: Eine dreieckige Falte im Stoff, die von der Stoffkante zur Spitze des Dreiecks genäht wird.

WAS ES KANN: Der Stoff wird längs durch die Mitte zur Spitze hin gefaltet. Der Abnäher wird vom breiten Ende zur Spitze hin genäht.

WARUM SIE ES VERWENDEN SOLLTEN: Ein Abnäher formt den Stoff dauerhaft, sodass er an den für die Passform entscheidenden Stellen, z. B. im Brustbereich, am oberen Rücken und der Taille am Körper anliegt. Abnäher sind ein wichtiger Bestandteil einer optimalen Passform.

BIESEN

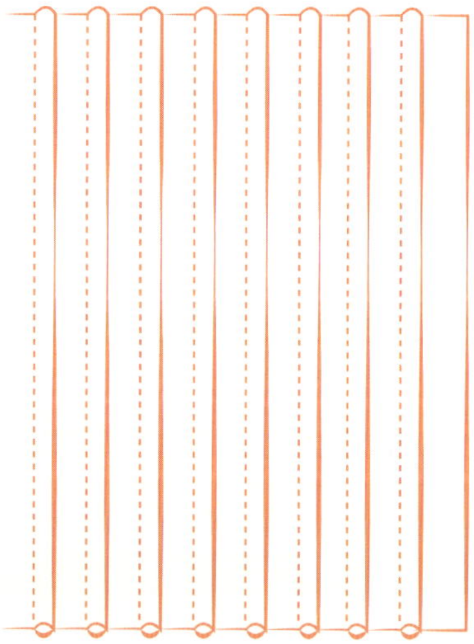

WAS ES IST: Schmale Falten; damit sie ihre Form halten, werden sie von der rechten Stoffseite aus genäht.

WAS ES KANN: Der Stoff wird zur schmalen Falte gelegt und genäht, dies wird in regelmäßigen Abständen wiederholt, sodass sich Biesen bilden. Anschließend werden die Biesen flach gebügelt.

WARUM SIE ES VERWENDEN SOLLTEN: Biesen werden oft wie genähte Falten eingesetzt, um Stoffweite einzuhalten bzw. an anderer Stelle mehr Weite zu erzielen, oder als visuelles Element.

KRÄUSELN/EINHALTEN

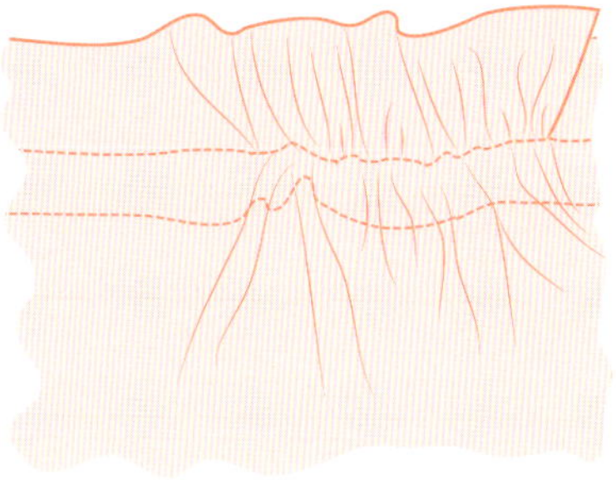

WAS ES IST: Eine längere Stoffkante so verkürzen, dass diese an eine kürzere Stoffkante passt.

WAS ES KANN: Es werden zwei parallele Heftstichreihen genäht, durch das Ziehen an den Fadenenden schiebt sich der Stoff zusammen.

WARUM SIE ES VERWENDEN SOLLTEN: Das Kräuseln verleiht dem Stoff Fülle, diese hat einen optischen Effekt, dient aber auch der Passform. Meist an der Taille, Ärmeln, im Brustbereich und zum Arbeiten von Rüschen verwendet.

KRÄUSELN MIT ELASTIKFADEN

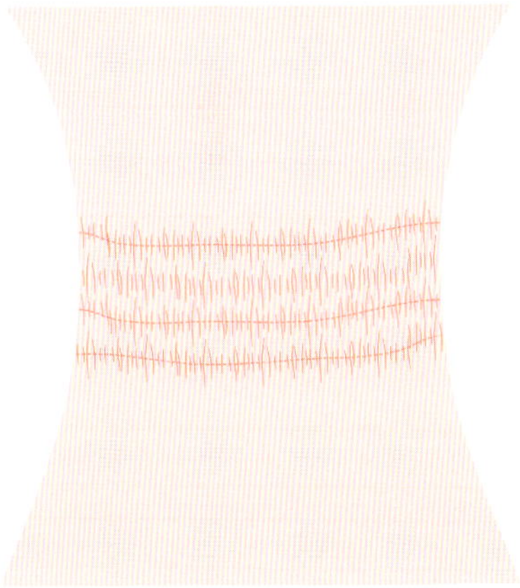

WAS ES IST: Teil eines Kleidungsstücks, das zum Erzielen von Dehnbarkeit mit Elastikfaden genäht wurde.

WAS ES KANN: Der Elastikfaden wird von Hand auf die Unterfadenspule gewickelt, als Oberfaden wird herkömmlicher Nähfaden verwendet. Der Stoff kräuselt sich und wird elastisch. Wird der Stoff mit dem Bügeleisen gedämpft, wird er noch elastischer.

WARUM SIE ES VERWENDEN SOLLTEN: Das Kräuseln mit Elastikfaden ist eine hübsche Alternative zur Verwendung von Gummibändern.

PLISSÉEFALTEN

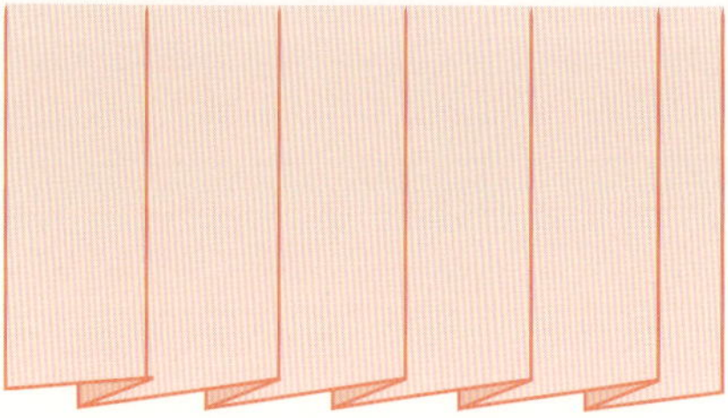

WAS ES IST: Reihe von scharfkantigen Falten im Stoff, die alle in eine Richtung ausgerichtet sind.

WAS ES KANN: Jede Falten besteht aus drei fest gebügelten Stoffebenen – eine obere, eine mittlere, die in die entgegengesetzte Richtung weist, und eine Ebene hinter der Falte.

WARUM SIE ES VERWENDEN SOLLTEN: Plisséefalten werden häufig bei Röcken und Kleidern verwendet. Sie verleihen Fülle, ohne wie Kräusel zu stark aufzutragen.

QUETSCHFALTEN

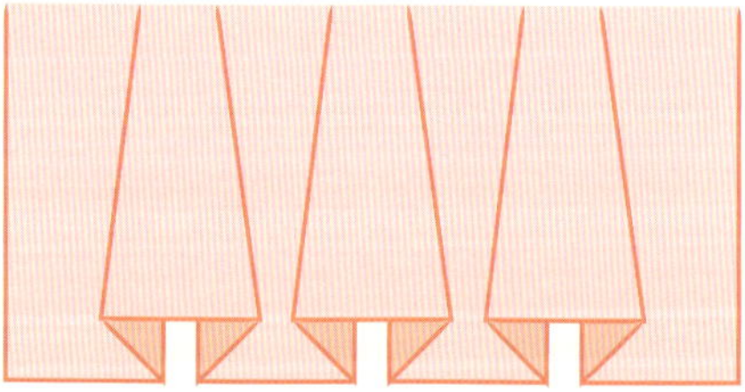

WAS ES IST: Stofffalte mit zwei Faltenbruchkanten, die Unterfalten weisen zueinander hin.

WAS ES KANN: Zwei Plisséefalten liegen sich unter einem dritten Stoffbereich gegenüber, dieser Bereich entspricht der Faltenbreite.

WARUM SIE ES VERWENDEN SOLLTEN: Die vorderen „kastenförmigen" Faltenpartien bilden eine ebene Fläche, die beim Tragen den Blick auf die Unterfalten gewährt.

KELLERFALTE

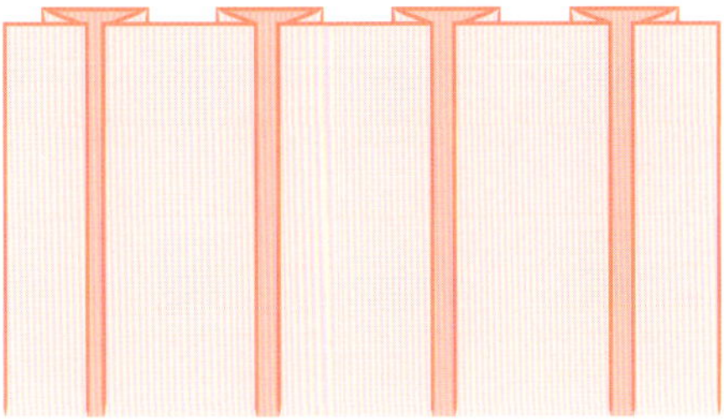

WAS ES IST: Die Umkehrung einer Quetschfalte mit zwei Faltenbrüchen, die an der Anstoßlinie aneinanderstoßen. Die Innenfalten haben die jeweils gleiche Länge und bilden die kastenförmige Falte.

WAS ES KANN: Die oberen Falten sind eigentlich gegenüberliegende Plisséefalten, die dritte Stoffebene verläuft über die gesamte Breite der zwei oberen Falten. Die Falten werden scharfkantig gebügelt.

WARUM SIE ES VERWENDEN SOLLTEN: Die untere Stoffebene öffnet sich beim Tragen eines Rocks oder Kleids und offenbart das Faltenvolumen.

ABGESTEPPTE FALTEN

WAS ES IST: Eine Falte, die an der Faltenkante teilweise abgesteppt wird.

WAS ES KANN: Die Nähte reduzieren das Faltenvolumen, die Falten öffnen sich erst am Ende der Naht.

WARUM SIE ES VERWENDEN SOLLTEN: Zum Formen der Weite ab einem gewünschten Punkt. Die Falten werden häufig bei Röcken, Kleidern und Hosen abgesteppt.

VERDECKTER REISSVERSCHLUSS

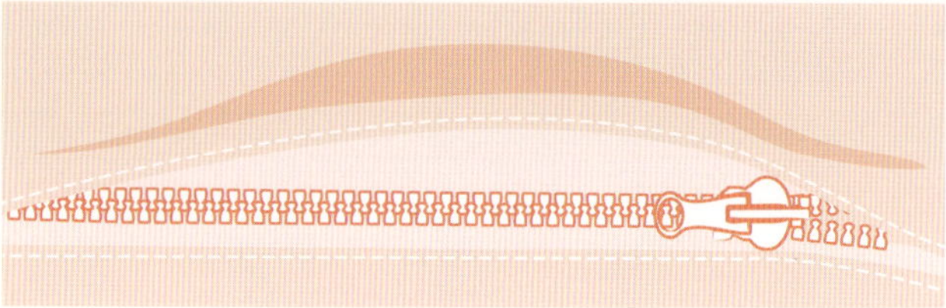

WAS ES IST: Der Reißverschluss wird durch eine Stoffkante verdeckt, die in Länge und Breite dem Reißverschluss entspricht.

WAS ES KANN: Beim Einsetzen des Reißverschlusses in eine Naht wird ein Übertritt genäht, der über den Reißverschlusszähnchen liegt und diese kaschiert.

WARUM SIE ES VERWENDEN SOLLTEN: Wird häufig bei Kleidern, Röcken und Hosen mit Reißverschlüssen in den Seitennähten verwendet, so wird ein ansonsten zweckmäßiger Verschluss elegant kaschiert.

REISSVERSCHLUSS MIT ÜBERTRITT

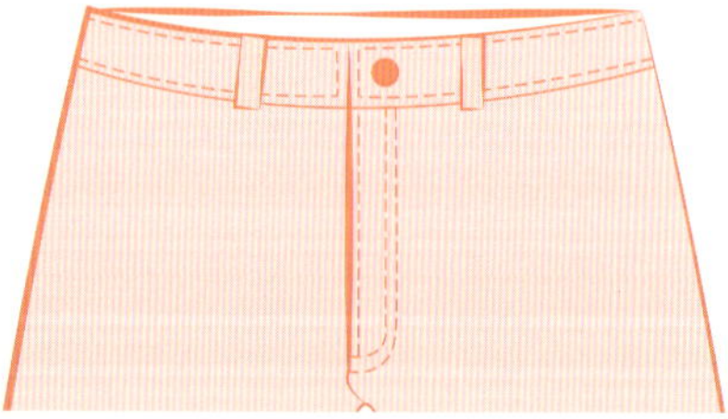

WAS ES IST: Eine Reißverschlussvariante mit einem U-förmigen Beleg, der den Reißverschluss verdeckt und mit einem Knopf verschlossen wird.

WAS ES KANN: Üblicherweise bei Jeans und Hosen verwendet. Der Reißverschluss wird in den Schlitz genäht, der Beleg verdeckt den Reißverschluss komplett.

WARUM SIE ES VERWENDEN SOLLTEN: Ist ein traditioneller Look bei Hosen gewünscht, ist der Reißverschluss mit Übertritt die naheliegende Wahl.

PASPELKNOPFLOCH

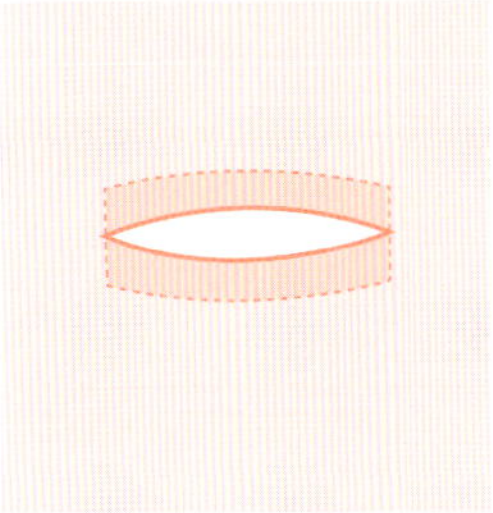

WAS ES IST: Ein Knopfloch, bei dem zwei Stoffstücke auf der linken Seite umgefaltet werden, die Kanten treffen in der Mitte des Knopflochs aufeinander.

WAS ES KANN: Ein zusätzlicher Stoffstreifen wird an den Hauptstoff genäht und eine Öffnung hineingeschnitten. Der Stoffstreifen wird so gefaltet, dass die Kanten eingefasst werden und die Öffnung bilden. Das Ergebnis ist ein Knopfloch ohne sichtbare Nähte.

WARUM SIE ES VERWENDEN SOLLTEN: Ein hübsches Detail bei Jacken und eher formellen Kleidungsstücken, da keine Steppnähte oder maschinengenähte Knopflöcher sichtbar sind.

KNOPFLEISTE

WAS ES IST: Die Öffnung an einem Kleidungsstück, an der Verschlüsse angenäht werden.

WAS ES KANN: Eine Knopfleiste, bei eleganteren Herrenhemden, Röcken oder Hosen, wird meist mit Stofflagen und einer Einlage genäht. Die Verschlüsse, z.B. Knöpfe und Knopflöcher, werden eingenäht. Eine Knopfleiste kann rein dekorativ sein, meist erfüllt sie jedoch eine Funktion.

WARUM SIE ES VERWENDEN SOLLTEN: Die Knopfleiste verleiht Stabilität und ermöglicht das Schließen des Kleidungsstücks sowie das Nähen von Knopflöchern und Knöpfen.

NAHTTASCHE

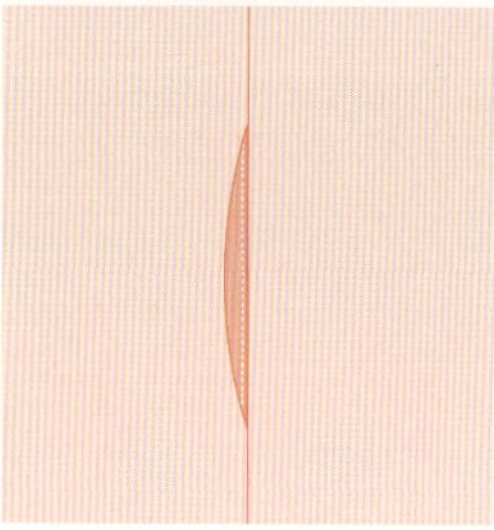

WAS ES IST: Tasche, die in eine Naht des Kleidungsstücks eingesetzt wird.

WAS ES KANN: Eine Taschenhälfte wird in eine Seite der Naht eingenäht, die andere Hälfte an die gegenüberliegende Seite. Durch die Verbindung beider Hälften entsteht die Tasche. Die Eingriffsöffnung liegt in der Seitennaht.

WARUM SIE ES VERWENDEN SOLLTEN: Mit Taschen ist einfach alles besser!

PASPELTASCHE

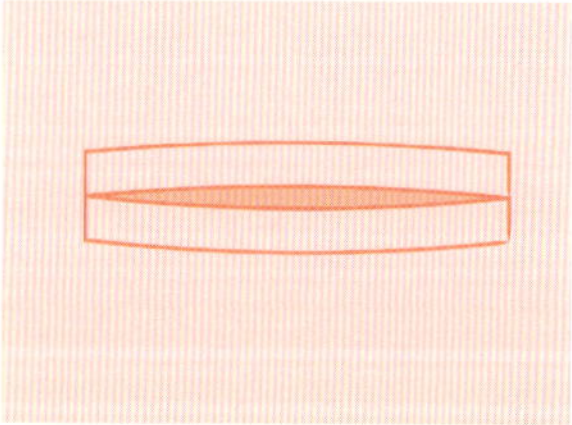

WAS ES IST: Tasche ohne sichtbare Steppnähte, die im Inneren des Kleidungsstücks verborgen ist.

WAS ES KANN: Die Tasche wird in einen Schlitz eingenäht. Die Taschenkanten werden ähnlich wie ein Paspelknopfloch genäht, die Stoffkanten werden eingefasst, die Nähte liegen innen und sind von außen nicht sichtbar.

WARUM SIE ES VERWENDEN SOLLTEN: Ist die Funktionalität einer aufgesetzten Tasche mit mehr Eleganz gewünscht, ist eine Paspeltasche die perfekte Wahl.

SIEHE AUCH: Paspelknopfloch, Seite 145

AUFGESETZTE TASCHE

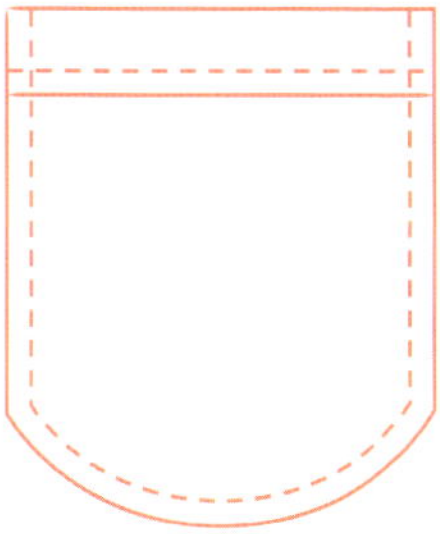

WAS ES IST: Tasche, die auf das Kleidungsstück aufgenäht wird.

WAS ES KANN: Tasche in der gewünschten Form und Größe zuschneiden, mit der Öffnung nach oben aufnähen – fertig ist die aufgesetzte Tasche.

WARUM SIE ES VERWENDEN SOLLTEN: Häufig verwendet als Brusttasche bei Hemden, am Gesäß von Hosen oder auf der Vorderseite von Röcken und Kleidern zum Hineinstecken der Hände. Eine zweckmäßig Ergänzung, aber auch ein schönes Detail bei Kleidungsstücken.

KNICK

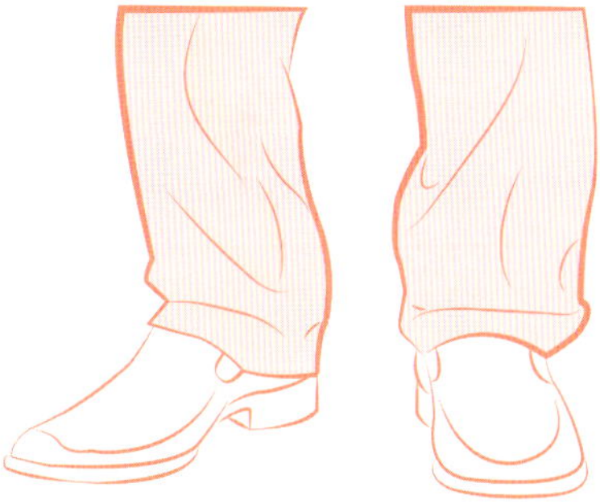

WAS ES IST: Der Punkt am vorderen Hosenbein, an dem sich das Kleidungsstück eigenständig faltet.

WAS ES KANN: Hosen können mit unterschiedlichen Knickpunkten konstruiert werden, je nach gewünschter Eleganz oder Lässigkeit. Der Knick wird durch die Länge am Saum bestimmt, und wo das Hosenbein auf den Schuhen aufliegt.

WARUM SIE ES VERWENDEN SOLLTEN: Damit Hosen für den jeweiligen Anlass korrekt sitzen, sollte der Knick berücksichtigt werden.

OBERTEIL

WAS ES IST: Das obere Teil eines Kleids, von der Taille bis zum Hals.

WAS ES KANN: Das Oberteil formt die obere Hälfte des Kleids, dazu zählen der Armausschnitt, die Brustpartie, Ärmel und Halsausschnitt.

WARUM SIE ES VERWENDEN SOLLTEN: Es gibt unzählige Möglichkeiten, wie das Oberteil gestaltet werden kann, sehen Sie es also als Leinwand für Ihren ganz persönlichen Stil.

SIEHE AUCH: Armausschnitt, Seite 130

BELEG

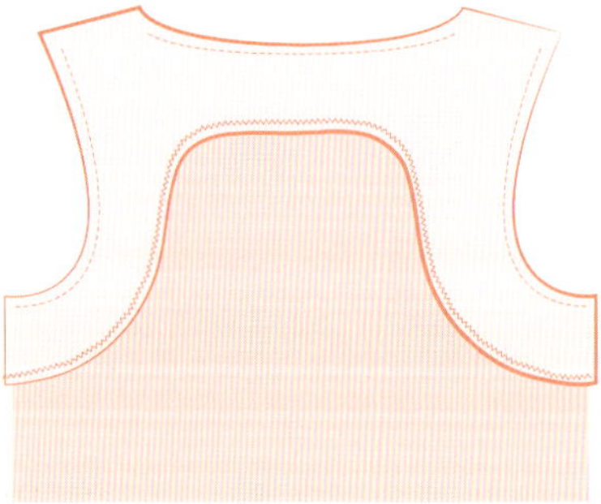

WAS ES IST: Zusätzliches Stück Stoff, das an die äußeren Kanten eines Kleidungsstücks genäht wird und diese gleichzeitig versäubert.

WAS ES KANN: Ein Kleidungsstück ohne Futter wird vermutlich Belege haben. Diese sind verkürzte Versionen des Außenstoffs, die an die Kanten genäht und nach innen umgeschlagen werden, sodass sie von außen nicht sichtbar sind.

WARUM SIE ES VERWENDEN SOLLTEN: Belege tragen nicht so stark auf wie ein Futter und sind eine einfache Methode zur Kantenversäuberung.

SIEHE AUCH: Flachsteppen, Seite 82

WASSERFALLAUSSCHNITT

WAS ES IST: Ein weich fallender Ausschnitt mit unterschiedlicher Tiefe und Fülle.

WAS ES KANN: Fällt in weich fließend Falten vom Halsausschnitt nach unten.

WARUM SIE ES VERWENDEN SOLLTEN: Wird meist bei Oberteilen oder Kleidern verwendet, bei Vintage-Mode findet sich diese Ausschnittform jedoch auch am Rücken und sorgt für einen beeindruckenden Effekt.

STAND

WAS ES IST: Der Begriff beschreibt den Fall des Stoffs.

WAS ES KANN: Beschreibt den Fall des Stoffs oder den Schnitt eines Kleidungsstücks, und welchen Fall dieses beim Tragen am Körper zeigt.

WARUM SIE ES VERWENDEN SOLLTEN: Manchmal ist dies die perfekte Beschreibung eines neuen, wunderschönen Kleidungsstücks!

FÜLLE

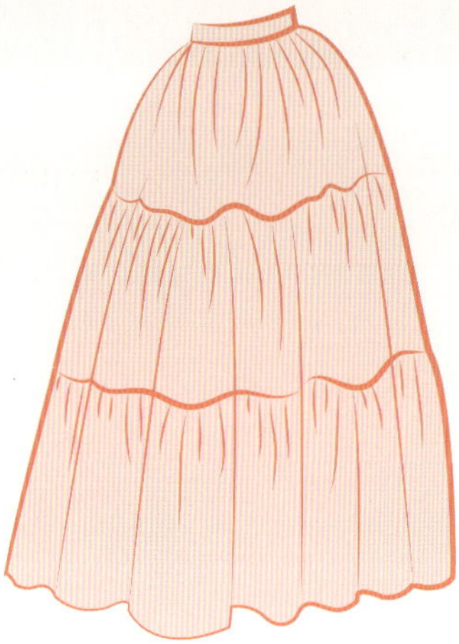

WAS ES IST: Beschreibt das Volumen eines Kleidungsstücks.

WAS ES KANN: Fülle entsteht durch Kräuselung, Falten oder Raffen, immer dort an einem Kleidungsstück, wo sich zusätzlicher Stoff für mehr Volumen sammelt.

WARUM SIE ES VERWENDEN SOLLTEN: Mithilfe von Volumen ein Kleidungsstück zu formen und gleichzeitig bestimmte Körperzonen zu kaschieren, ist das Ziel bei der Konstruktion von Kleidungsstücken.

SIEHE AUCH: Kräuseln mit Elastikfaden, Seite 141; Kräuseln, Seite 141

VOLANT

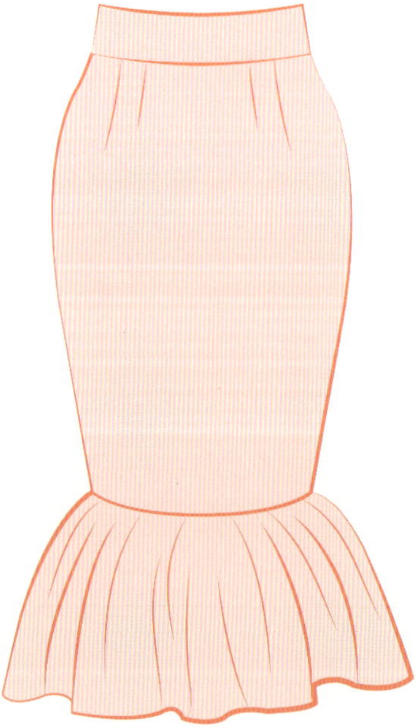

WAS ES IST: Ein zusätzlicher Stoffstreifen, der rein dekorativen Zwecken dient.

WAS ES KANN: Kann schmal und gerafft sein, oder breiter und rund geschnitten, um Rüschen zu bilden. Volants können überall an einem Kleidungsstück verwendet werden, sie sind jedoch immer nur Dekoration.

WARUM SIE ES VERWENDEN SOLLTEN: Manchmal darf es etwas rüschiger sein!

GODET

WAS ES IST: Keilförmig in eine Öffnung zwischen zwei Nähte eingesetzte Stoffteile.

WAS ES KANN: Die Stoffteile erzielen Fülle und Volumen und verleihen schwingende Weite.

WARUM SIE ES VERWENDEN SOLLTEN: Meist bei Rock- und Kleidersäumen verwendet. Ein Godet ist ein feminines Detail, das einem ansonsten steifen Kleidungsstück Schwung verleiht.

AUSGESTELLT

WAS ES IST: Die Fülle oder Weite eines Kleidungsstücks.

WAS ES KANN: Ein „Fit and Flare-Kleid" hat ein figurbetontes Oberteil und ein ausgestelltes Rockteil. Dies kann durch die A-Linie, durch Bahnen oder Falten erreicht werden, da alle Weite erzielen.

WARUM SIE ES VERWENDEN SOLLTEN: „Ausgestellt" ist allgemein gehalten – es hat Aussagekraft, ohne auszuführen, wie diese Form erreicht wird.

BOGENSAUM

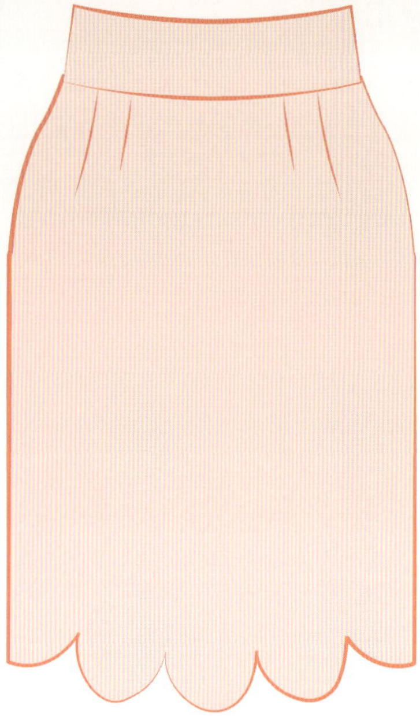

WAS ES IST: Untere Saumkante aus aneinandergereihten, halbkreisförmigen Bögen.

WAS ES KANN: Das Nähen der aufeinanderfolgenden Bögen formt die dekorative Saumkante.

WARUM SIE ES VERWENDEN SOLLTEN: Verwendet bei Hosenbeinen, Shorts, Röcken, Kleidern sowie bei Jacken und Kragen. Verleiht dem Kleidungsstück einen verspielten Effekt.

EMPIRE-TAILLE

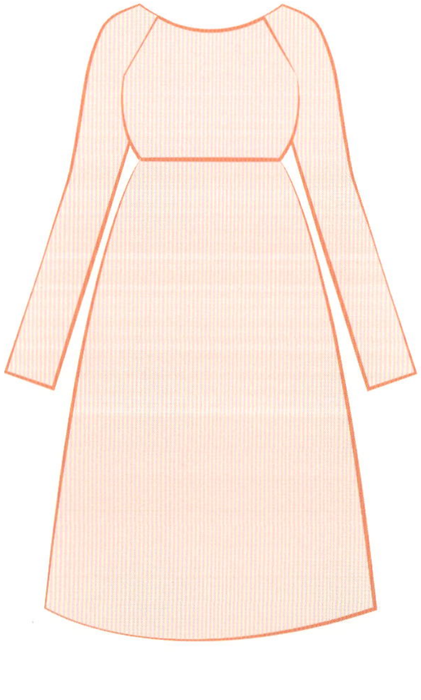

WAS ES IST: Kleidungsstück mit einer Naht unterhalb der Brust, von dort aus fällt der Stoff frei nach unten.

WAS ES KANN: Kreiert eine optisch hochsitzende Taille, wird bei Oberteilen, Jacken und Kleidern verwendet.

WARUM SIE ES VERWENDEN SOLLTEN: Sehr vorteilhaft, wenn die Taillenpartie kaschiert werden soll. Die Weite des Kleidungsstücks beginnt unterhalb der Brust und verbirgt den übrigen Körper.

STOFFTUNNEL

WAS ES IST: Ein Stofftunnel im Inneren eines Kleidungsstücks zum Durchziehen von Binde- oder Gummibändern.

WAS ES KANN: Wird vor allem im Taillenbereich verwendet, verleiht Passform mithilfe von Binde- oder Gummibändern.

WARUM SIE ES VERWENDEN SOLLTEN: Geeignet für Röcke mit Gummizug, Pyjamahosen oder Kleider mit Bindebändern an der Taille. Eine einfache, formgebende Technik der Kleidungskonstruktion.

ZWICKEL

WAS ES IST: Ein Stoffstück, das in eine Naht unter den Ärmeln eingesetzt wird.

WAS ES KANN: Das quadratische oder keilförmige Stoffstück verleiht Bewegungsfreiheit.

WARUM SIE ES VERWENDEN SOLLTEN: Wird bei einem Kleidungsstück mit figurbetontem Oberteil mehr Bewegungsfreiheit für die Arme benötigt, sind Zwickel eine praktische Lösung.

PRINZESSNÄHTE

WAS ES IST: Gerundete Teilungsnähte an Oberteilen, beginnend leicht unterhalb der Schulter in einem Bogen über Brust oder Rücken bis zur Taille oder Saum verlaufend.

WAS ES KANN: Verleiht Passform ohne Abnäher.

WARUM SIE ES VERWENDEN SOLLTEN: Prinzessnähte sind Sache des persönlichen Geschmacks, sie bieten jedoch eine einfache Methode der Passformregulierung bei größerer Oberweite, da die Naht über den Brustbereich, aber nicht zur Brust hin verläuft.

SCHÖSSCHEN

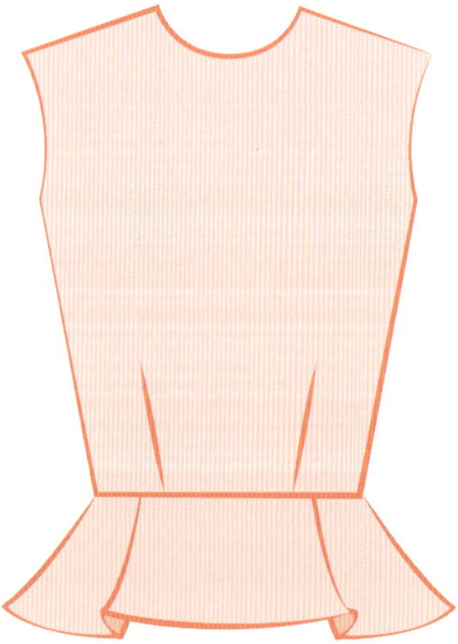

WAS ES IST: An den Saum eines Oberteils oder Jacke genähter Überrock, der über weiteren Kleidungsstücken getragen wird.

WAS ES KANN: Ein Schößchen wird meist wie ein Glockenrock zugeschnitten, um mit leichten Rüschen auf der Hüfte zu liegen.

WARUM SIE ES VERWENDEN SOLLTEN: Verleiht Vintage-Flair und kaschiert üppige Hüften.

FRANZÖSISCHE ABNÄHER

WAS ES IST: Ein langer Abnäher an der Seitennaht, meist ab oder knapp unterhalb der Taille in einem Bogen zum Brustpunkt verlaufend.

WAS ES KANN: Diese Variante der Abnäher verhindert, dass dickerer Stoff aufträgt und verleiht dem Kleidungsstück subtile Passform.

WARUM SIE ES VERWENDEN SOLLTEN: Häufig bei Etuikleidern verwendet, dienen französische Abnäher der unauffälligeren Formgebung. Traditionelle Abnäher sorgen für eine betontere Passform.

ARMKUGEL

WAS ES IST: Der oberste Teil des Ärmels an der Schulter.

WAS ES KANN: Hier zeigen sich Sitz und Passform des Kleidungsstücks. Eine zu große oder nicht durch eine Einlage gestützte Armkugel kann zusammenfallen.

WARUM SIE ES VERWENDEN SOLLTEN: Bei geschneiderten Jacken und Blazern mit Passform muss die Armkugel ordentlich eingepasst oder mit einer Einlage versehen werden, sonst wirkt sie zu groß oder knickt unter der Naht ein.

EINGESETZTER ÄRMEL

WAS ES IST: Die gebogene Kante des Ärmels wird glatt, ohne Kräusel an der Naht, in den Armausschnitt eingesetzt.

WAS ES KANN: Zuerst werden die Seitennähte von Ärmel und Kleidungsstück genäht, dann der Ärmel mit einer glatten Naht in die Ärmelöffnung eingesetzt.

WARUM SIE ES VERWENDEN SOLLTEN: Eine klassische Methode zum Einsetzen von Ärmeln, die u.a. bei Oberteilen, Jacken, Kleidern verwendet wird. Das Einsetzen ohne Kräusel oder Fältchen ist nicht ganz leicht und gilt als eine der schwierigsten Techniken.

SIEHE AUCH: Armausschnitt, Seite 130

FLÜGELÄRMEL

WAS ES IST: Eine kurze Ärmelform, die knapp unter dem oberen Armausschnitt endet.

WAS ES KANN: Flügelärmel werden im oberen Bereich des Armausschnitts vernäht und werden zur Seitennaht hin schmaler, ohne diese zu erreichen. Dieser Bereich muss mit einer anderen Technik, z.B. einem Beleg oder Schrägband, versäubert werden.

WARUM SIE ES VERWENDEN SOLLTEN: Ähnelt optisch den eingesetzten Ärmeln, ist jedoch sehr viel einfacher zu nähen.

SIEHE AUCH: Beleg, Seite 148; Schrägband, Seite 47

RAGLANÄRMEL

WAS ES IST: Eine Ärmelform mit diagonaler Naht von der Schulter bis zum vorderen Unterarm sowie vom hinteren Halsausschnitt bis zum hinteren Unterarm.

WAS ES KANN: Die am einfachsten zu nähende Ärmelform, da es keinen runden Armausschnitt gibt, in den der Ärmel eingepasst werden muss. Stattdessen werden die Ärmelnähte an der Vorder- und Rückseite des Kleidungsstücks ähnlich einer geraden Naht genäht.

WARUM SIE ES VERWENDEN SOLLTEN: Diese Ärmelform ist nicht nur einfach zu nähen, sondern auch ein interessantes Designdetail; die diagonalen Nähte können zur zusätzlichen Betonung auch als Ziernaht abgesteppt werden.

SIEHE AUCH: Armausschnitt, Seite 130

DOLMANÄRMEL

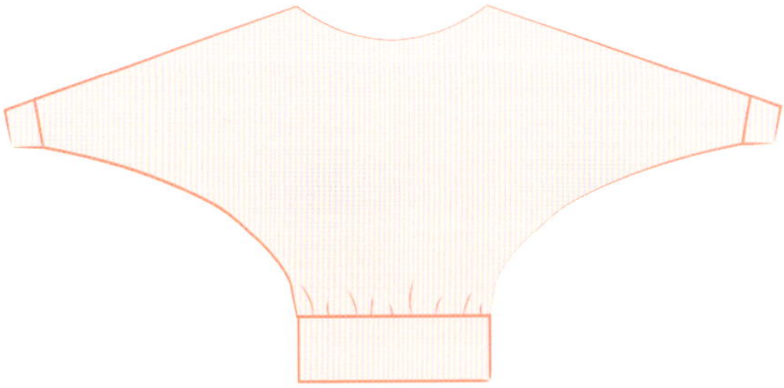

WAS ES IST: Eine Ärmelform, die aus dem Vorder- und Rückenteil des Kleidungsstücks geformt wird.

WAS ES KANN: Häufig mit einer Naht vom Halsausschnitt über die Schulter bis zum Ärmelbündchen, da hier Vorder- und Rückseite verbunden werden.

WARUM SIE ES VERWENDEN SOLLTEN: Eine weich fließende Ärmelform, ideal für leichte Stoffe wie Seide, Viskose oder auch Strickwaren.

BLUSENÄRMEL

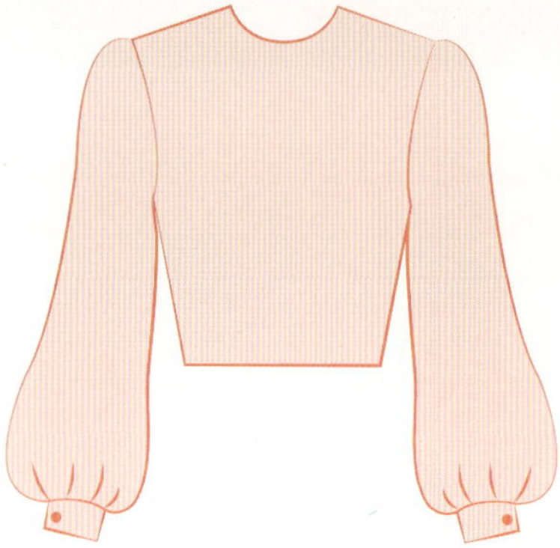

WAS ES IST: Ärmelform mit weitem Arm und einem gerafften Bündchen, meist mit Manschette.

WAS ES KANN: Die weiteste Ärmelform wird meist bei festlicher Kleidung und Abendroben verwendet.

WARUM SIE ES VERWENDEN SOLLTEN: Wenn die Ärmel besonders beeindruckend sein sollen, ist der Blusenärmel die richtige Wahl.

FLACHKRAGEN

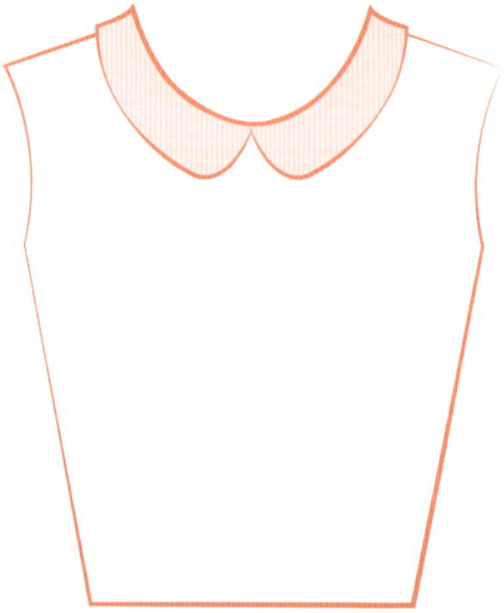

WAS ES IST: Eine Kragenform, der Kragen wird flach an den Halsausschnitt genäht.

WAS ES KANN: Ein Flachkragen sieht schön aus und ist sehr einfach zu nähen. Der Kragen kann an alle Kleidungsstücke genäht werden, auch wenn diese keinen Verschluss mit Knopf und Knopfleiste haben.

WARUM SIE ES VERWENDEN SOLLTEN: Flachkragen können in fast allen Formen und Größen gearbeitet werden, und da es unabhängig von der Konstruktion des Kleidungsstücks ist, macht das Annähen Spaß und geht leicht von der Hand.

KRAGENSPITZEN

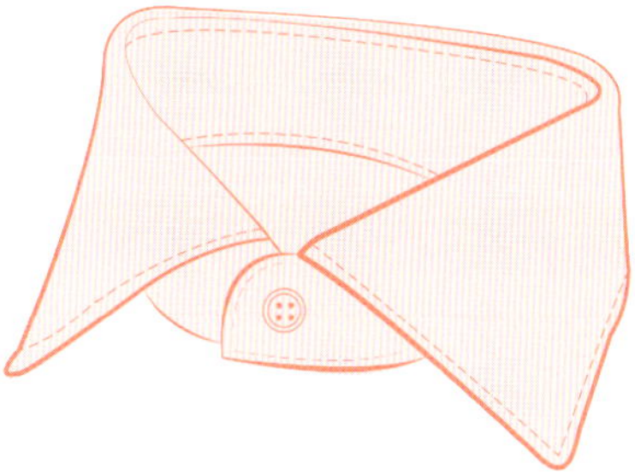

WAS ES IST: Die spitzen Enden des Kragens.

WAS ES KANN: Es gibt viele Formen und Varianten, generell gilt: Je spitzer der Kragen, desto formeller das Hemd.

WARUM SIE ES VERWENDEN SOLLTEN: Die meisten Herrenhemden haben spitze Kragenecken, die auf Wunsch abgerundet werden können.

KRAGENSTEG

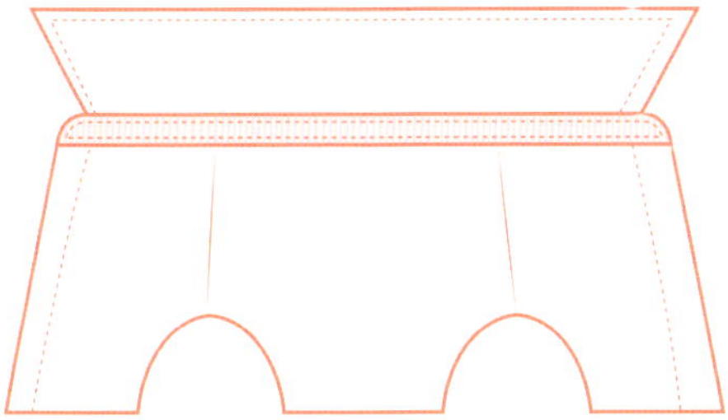

WAS ES IST: Ein schmaler Stoffstreifen, der den Kragen mit dem Kleidungsstück verbindet.

WAS ES KANN: Meist bei formellen Herrenhemden verwendet, gehört der Steg zu den traditionellen Methoden beim Hemdenschneidern. Der Steg wird an das Kleidungsstück genäht, der Kragen dann an den Steg gesetzt und gebügelt.

WARUM SIE ES VERWENDEN SOLLTEN: Der Steg ist ein Muss bei der traditionellen Herrenschneiderei und lässt den Kragen am Hals höher sitzen.

BUBIKRAGEN

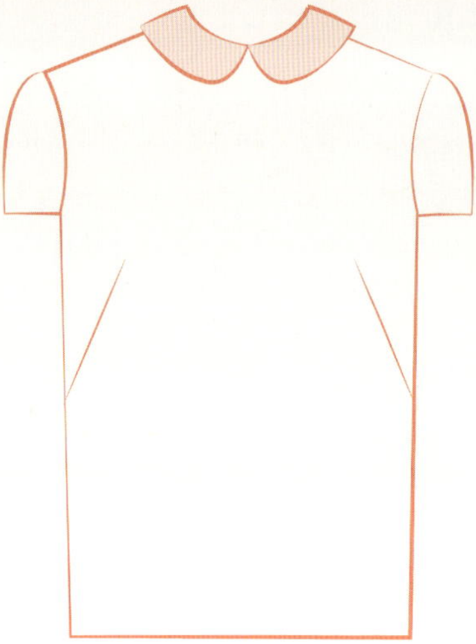

WAS ES IST: Eine Kragenform mit deutlich abgerundeten Ecken, die an der vorderen Mitte aufeinandertreffen.

WAS ES KANN: Zählt zu den Flachkragen, im Englischen der sogenannte Peter-Pan-Kragen, benannt nach dem fiktiven Figur des Peter Pan. Dieser Kragen verleiht einem Kleidungsstück ein wenig Verspieltheit.

WARUM SIE ES VERWENDEN SOLLTEN: Ein Bubikragen versprüht einfach Charme!

UMLEGEKRAGEN

WAS ES IST: Dieser Kragentyp legt sich vom Hals aus zum Kleidungsstück hin nach unten, dabei überlappt der Kragen die Ansatznaht.

WAS ES KANN: Im Gegensatz zu einem Kragen mit einer gebügelten Kante wird der Umlegekragen direkt am Kleidungsstück oder auch an einem Steg angenäht und an der Naht umgefaltet.

WARUM SIE ES VERWENDEN SOLLTEN: Diese Kragenform ist gut geeignet, wenn der Kragen etwas weniger steif sein soll, ebenso bei schweren Stoffen, bei denen keine Bügelkante gefertigt werden kann, etwa bei einer Wolljacke.

SPITZKRAGEN

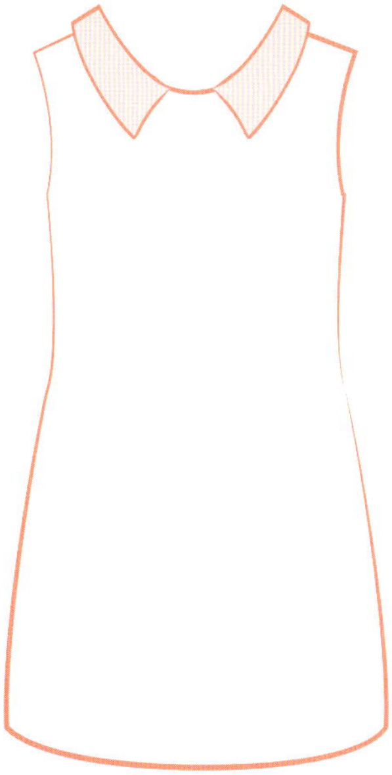

WAS ES IST: Eine Kragenform mit spitzen Kragenecken, die an der vorderen Mitte aufeinandertreffen.

WAS ES KANN: Eine sehr formelle Kragenart, verwendet bei Oberhemden bis hin zu Kinderkleidung. Kann wie ein Flachkragen oder ein Umlegekragen gearbeitet werden.

WARUM SIE ES VERWENDEN SOLLTEN: Wirkt sehr korrekt und förmlich, peppt aber sogar ein einfaches T-Shirt auf.

RUNDKRAGEN

WAS ES IST: Ein abgerundeter Kragen; die abgerundeten Ecken treffen an der vorderen Mitte aufeinander.

WAS ES KANN: Ähnlich wie der Spitzkragen wird diese Kragenform häufig bei Oberhemden mit einem Kragensteg verwendet. Im Vergleich zum Bubikragen sind die Rundungen jedoch weniger ausgeprägt.

WARUM SIE ES VERWENDEN SOLLTEN: Der Rundkragen verleiht Oberhemden etwas mehr Lässigkeit als die traditionellen spitzen Kragenecken.

SHIFTKLEID

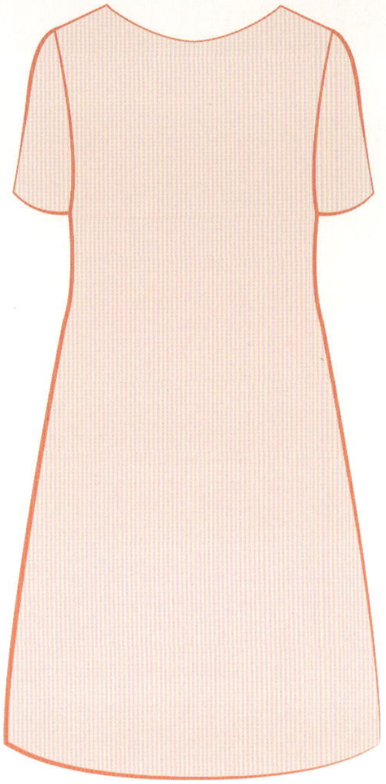

WAS ES IST: Eine Kleiderform, mit einigen Zentimetern Distanz zum Körper und ohne Taillierung geschnitten. Der Saum liegt über dem Knie.

WAS ES KANN: Eine zeitlose Silhouette, zumal es viele Stilvariationen gibt. Die ursprüngliche Form entstand in den 1920er Jahren und hat sich nicht verändert.

WARUM SIE ES VERWENDEN SOLLTEN: Der Tragekomfort – der machte das Shiftkleid zu einer beliebten Kleiderform.

TUNIKA

WAS ES IST: Ein langes Oberteil, das nicht einzeln, sondern im Lagen-Look über anderen Kleidungsstücken getragen wird.

WAS ES KANN: Ob man es als langes Oberteil oder kurzes Kleid bezeichnet: Eine Tunika ist immer weit geschnitten und wird meist über Hosen oder Leggings getragen.

WARUM SIE ES VERWENDEN SOLLTEN: Schon in der Antike trugen Frauen und Männer Tuniken, bis heute sind sie eine zeitlose Variante für den Lagen-Look.

BLEISTIFTROCK

WAS ES IST: Ein figurbetonter Rock, meist in Knielänge.

WAS ES KANN: Kann ein separater Rock oder die untere Hälfte eines Kleids sein. Für mehr Bewegungsfreiheit haben Bleistiftröcke manchmal einen seitlichen, mittigen vorderen oder hinteren Schlitz.

WARUM SIE ES VERWENDEN SOLLTEN: Bleistiftröcke zeigen Charakter, wenn Sie also weibliche Formen betonen möchten, ist dieser Rock eine gute Wahl.

A-LINIE

WAS ES IST: Rock- oder Kleiderform mit A-förmiger Silhouette.

WAS ES KANN: Rock- oder Kleidertaille bilden die obere Spitze des A's, die Seiten des Buchstabens symbolisieren den Verlauf zum Saum.

WARUM SIE ES VERWENDEN SOLLTEN: Die A-Linie bei Röcken schmeichelt allen Körperformen, da die Taille – meist der schmalste Punkt der Silhouette – betont wird, die ausgestellte Form jedoch über die Hüften fällt.

7. KAPITEL

TECHNIKEN & VERARBEITUNG

FUTTER

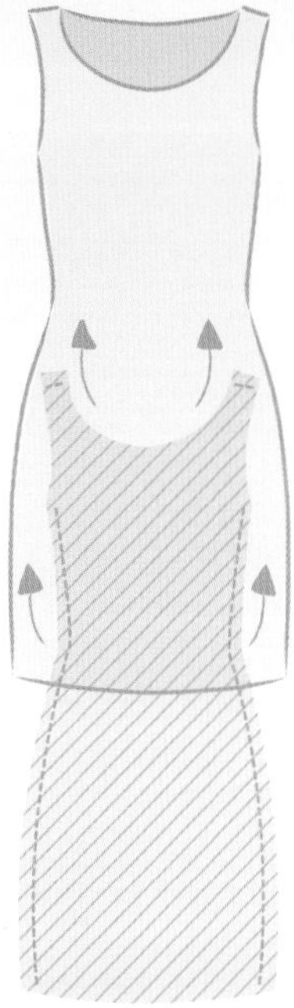

WAS ES IST: Eine zweite Stofflage, die ins Innere des Kleidungsstücks genäht wird.

WAS ES KANN: Das Futter wird wie ein zweites Kleidungsstück genäht und während des Konstruktionsprozesses innen eingesetzt.

WARUM SIE ES VERWENDEN SOLLTEN: Sorgt für leichtes Hineingleiten in die Kleidung, verleiht Blickdichte bei transparenten Stoffen und verhindert Hautkontakt mit kratzigen Fasern wie Wolle.

UNTERFÜTTERN

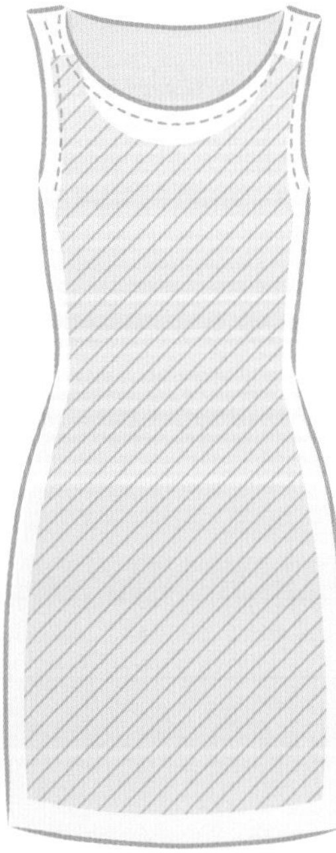

WAS ES IST: Eine Stofflage, zugeschnitten wie das Schnittteil. Stoff und Unterfutter werden vernäht und dann weiterverarbeitet.

WAS ES KANN: Stützt den Außenstoff und verleiht Blickdichte. Nähte, Abnäher o.Ä. werden durch beide Stofflagen genäht.

WARUM SIE ES VERWENDEN SOLLTEN: Ideal für transparente Stoffe mit Sticksösen oder Spitze. Das Unterfüttern geht leicht von der Hand, da alle Nähaufgaben an nur einem Stoffstück gearbeitet werden.

ZWISCHENFUTTER

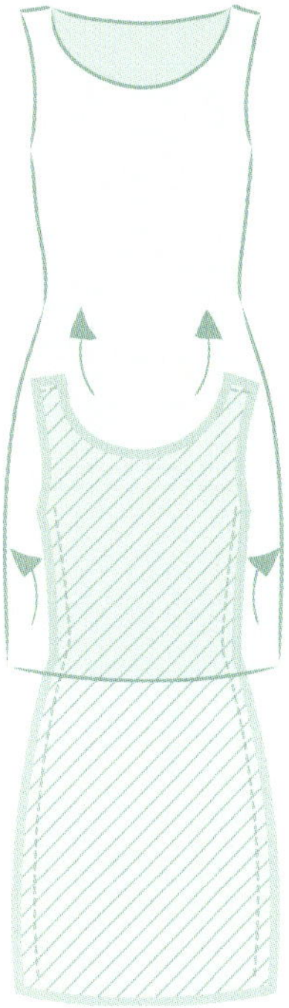

WAS ES IST: Stofflagen, die zwischen dem Haupt- und dem Futterstoff eingesetzt werden.

WAS ES KANN: Verleiht dem Kleidungsstück Stabilität, Festigkeit oder wird als wärmende Schicht eingesetzt – z.B. am Revers eines Blazers.

WARUM SIE ES VERWENDEN SOLLTEN: Kann der Stoff allein dem Kleidungsstück nicht ausreichend Stabilität verleihen, wird diese mithilfe des Zwischenfutters erzielt.

FUTTER VERSTÜRZEN

WAS ES IST: Eine Technik zum Einnähen des Futters. Durch das Verstürzen sitzt es lockerer und erlaubt Mehrweite zugunsten des Tragekomforts.

WAS ES KANN: Meist wird das Futter bei Jacketts und Jacken verstürzt. Das eingenähte Futter wird über eine Wendeöffnung auf rechts gewendet, die offene Nahtstelle dann geschlossen.

WARUM SIE ES VERWENDEN SOLLTEN: Eine sehr beliebte Methode, die leicht zu nähen ist und fast kein Nähen von Hand erfordert.

SCHRÄGNAHT

WAS ES IST: Naht an zwei Stoffkanten von Stoffen, die im schrägen Fadenlauf zugeschnitten wurden.

WAS ES KANN: Die diagonal genähte Naht sorgt, im Gegensatz zu Nähten im geraden oder Querfadenlauf, für mehr Elastizität im Stoff.

WARUM SIE ES VERWENDEN SOLLTEN: Beim Zusammennähen von zwei Stoffen liegt eine diagonal verlaufende Naht flacher und trägt weniger auf, da sie nicht gerade verläuft. Schrägnähte werden auch für dekorative Effekte verwendet.

FRANZÖSISCHE NAHT

WAS ES IST: Ähnelt von außen einer Standardnaht. Die Naht wird jedoch so eingeschlossen, dass nur eine schmale Stoffkante stehen bleibt.

WAS ES KANN: Statt rechts auf rechts wird die Naht links auf links genäht, die Nahtzugaben zurückgeschnitten, der Stoff rechts auf rechts umgefaltet und eine zweite Naht genäht. Nahtzugabe und Stiche werden in der ersten Naht versteckt, es bleibt nur eine schmale Kante zurück.

WARUM SIE ES VERWENDEN SOLLTEN: Gut geeignet für halbtransparente Stoffe, an denen Standardnähte sichtbar sein würden.

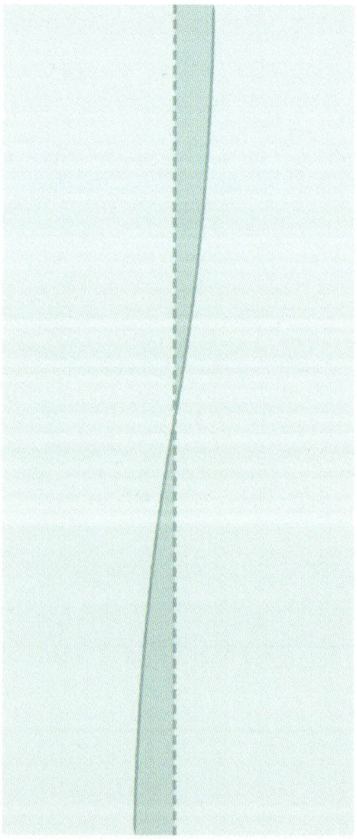

KAPPNAHT

WAS ES IST: Eine auf der rechten Stoffseite doppelt genähte Naht. Auf der linken Stoffseite entsteht eine saubere Naht.

WAS ES KANN: Die Kappnaht wird auf der rechten Stoffseite genäht, es ergibt sich ein ordentliches Nahtbild mit innen eingeschlagenen Schnittkanten. Die eingeschlagene Kante auf der rechten Stoffseite wird mit einer doppelten Naht genäht.

WARUM SIE ES VERWENDEN SOLLTEN: Eine optisch ansprechende, da unauffällige Naht, die häufig bei Herrenhemden verwendet wird. Die doppelten Nähte sorgen für einen etwas lässigeren Effekt.

HOCHSTEHENDE KAPPNAHT

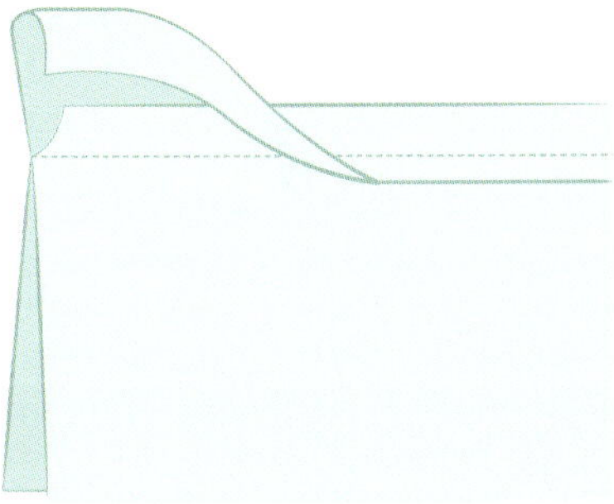

WAS ES IST: Ähnelt einer Standardnaht, jedoch mit einer schmalen Falzkante auf der linken Stoffseite, ohne sichtbare Nähte.

WAS ES KANN: Ähnlich einer französischen Naht verdeckt eine schmale Kante die innenliegenden unversäuberten Stoffkanten. Mit dem Unterschied, dass hier die Kante erst nach dem Fertigen der Naht durch Einschlagen der Nahtzugaben entsteht.

WARUM SIE ES VERWENDEN SOLLTEN: Eine praktische, der französischen Naht ähnliche Technik, die bei halbtransparenten Stoffen oder ungefütterter Kleidung ein ebenso sauberes wie ansprechendes Ergebnis erzielt.

HONGKONG EINFASSUNG

WAS ES IST: Naht, die auf der rechten Stoffseite wie eine herkömmliche Naht aussieht, die inneren unversäuberten Stoffkanten werden jedoch eingefasst.

WAS ES KANN: Die Schrägstreifen umschließen die unversäuberten innenliegenden Nahtzugaben und verhindern auf dekorative Weise ein Ausfransen.

WARUM SIE ES VERWENDEN SOLLTEN: Gut geeignet für ungefütterte Jacken und zur Versäuberung schwerer, dicker Stoffe, die nicht anderweitig versäubert werden können.

VERSÄUBERN MIT DER ZACKENSCHERE

WAS ES IST: Das Versäubern der Schnittkanten durch Beschneiden mit einer Zackenschere.

WAS ES KANN: Mit der Zackenschere geschnittener Stoff franst nicht aus, die Nähte werden nicht geschwächt.

WARUM SIE ES VERWENDEN SOLLTEN: Wenn Sie legere Kleidung nähen und das Versäubern schnell und praktisch sein soll, ist das Beschneiden mit der Zackenschere eine gute Lösung.

SIEHE AUCH: Zackenschere, Seite 13

RUNDE NÄHTE EINSCHNEIDEN

WAS ES IST: Kleine Schnitte in den Nahtzugaben von konkaven Rundungen.

WAS ES KANN: Die Einschnitte sorgen dafür, dass die Nahtzugaben flach liegen, die Abstände zwischen den Einschnitten öffnen und dehnen sich und die Naht passt sich der geschwungenen Kante an.

WARUM SIE ES VERWENDEN SOLLTEN: Beim Nähen von Rundungen ist das Einschneiden oder Knipsen Pflicht, damit innere und äußere Kante sich nicht verziehen.

RUNDE NÄHTE KNIPSEN

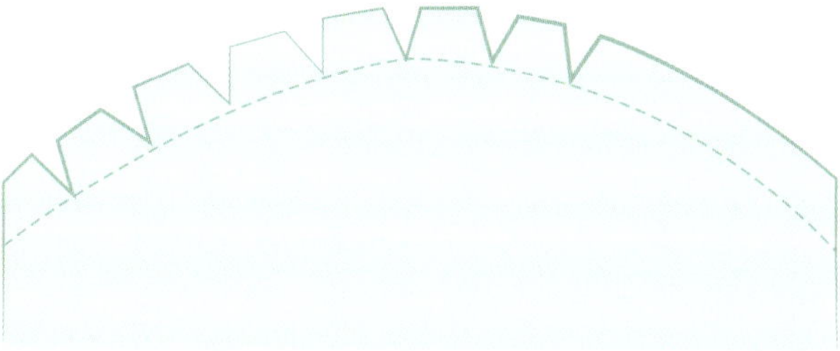

WAS ES IST: Kleine, V-förmige Einschnitte in den Nahtzugaben bei Rundungen.

WAS ES KANN: Zwischen den Einschnitten liegt die Nahtzugabe flach, da sich die Einschnitte schließen ohne zu überlappen.

WARUM SIE ES VERWENDEN SOLLTEN: Beim Nähen von Rundungen ist das Einschneiden oder Knipsen Pflicht, damit sich innere und äußere Kante nicht verziehen.

NAHTZUGABEN STUFIG ZURÜCKSCHNEIDEN

WAS ES IST: Eine Technik zum Zurückschneiden der Nahtzugaben auf der Innenseite eines Kleidungsstücks

WAS ES KANN: Die Nahtzugaben werden abgestuft auf unterschiedliche Breiten zurückgeschnitten.

WARUM SIE ES VERWENDEN SOLLTEN: Reduziert den Stoffauftrag bei Nähten, bei denen mehrere Stofflagen vernäht werden, die Naht liegt anschließend flacher.

BRIEFECKEN NÄHEN

WAS ES IST: Die Stelle an einem Kleidungsstück, an der Einfassung oder Saum an einer Ecke entlang einer Diagonalen aufeinandertreffen.

WAS ES KANN: Eine Briefecke sieht professionell aus und trägt weniger auf, da weniger Stoff übereinanderliegt.

WARUM SIE ES VERWENDEN SOLLTEN: Briefecken sind nicht schwer zu nähen und erzielen ein ansprechendes Ergebnis bei Teilen, an denen der Saum an einer Ecke aufeinanderstößt.

DREHEN UM DIE NADEL

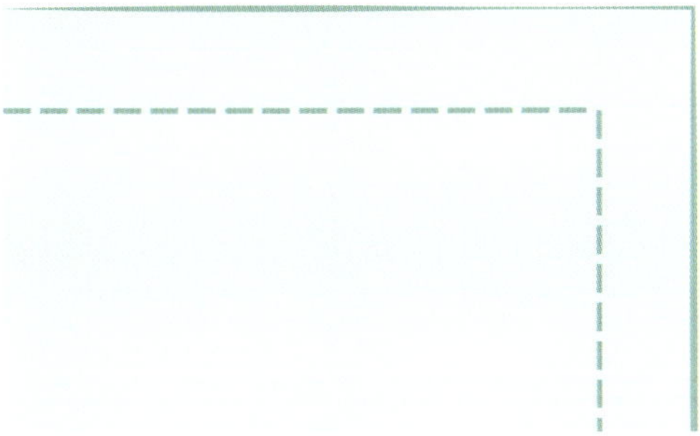

WAS ES IST: Richtungsänderung beim Nähen an einer Ecke oder einer Rundung.

WAS ES KANN: Beim Drehen um die Nadel an einer Ecke muss die Nadel im Stoff versenkt und der Nähfuß angehoben werden. Dann den Stoff um die Nadel drehen, Nähfuß wieder senken und weiternähen.

WARUM SIE ES VERWENDEN SOLLTEN: Beim knappkantigen Absteppen oder Ziernähten an Kleidungsstücken ist das Drehen um die Nadel ein Muss.

FINGERBÜGELN

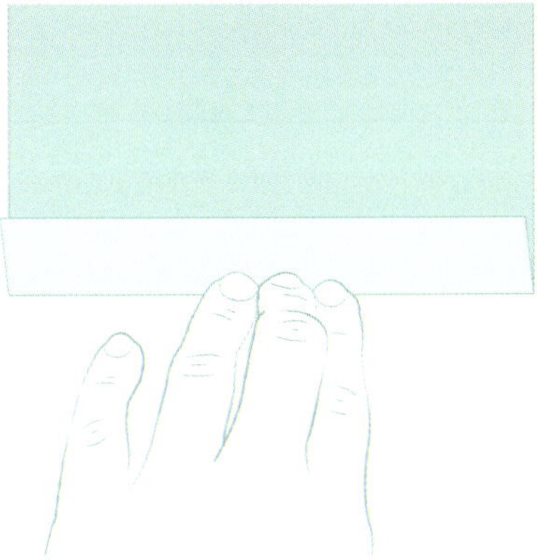

WAS ES IST: Das Formen und glatt „bügeln" einer Naht mit den Fingern.

WAS ES KANN: Das Fingerbügeln glättet entscheidende Stellen vor dem Bügeln mit dem Bügeleisen.

WARUM SIE ES VERWENDEN SOLLTEN: Die Finger sind besser für feinere Arbeiten geeignet als das Bügeleisen. Die Stellen zunächst mit den Fingern glatt zu streichen, kann zu einem besseren Ergebnis führen.

VERZIEREN

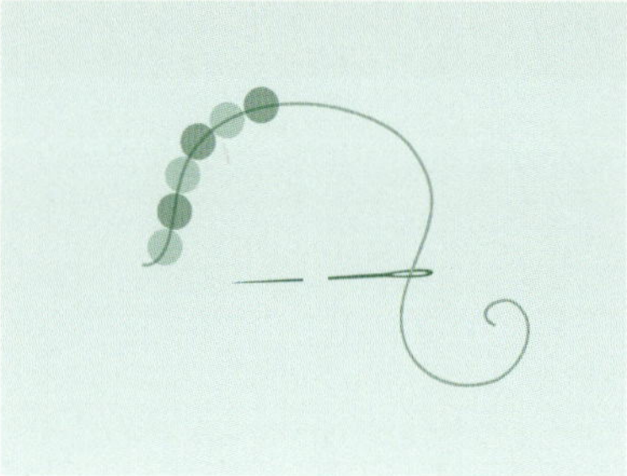

WAS ES IST: Jede Art von Dekoration.

WAS ES KANN: Zum Verzieren zählt das Hinzufügen von Stickerei, Perlen, Kordeln oder anderen dekorativen Elementen.

WARUM SIE ES VERWENDEN SOLLTEN: Das Verschönern einer ansonsten einfachen Tasche, Kleides, Rockes o.Ä. verleiht den Dingen einen individuellen Touch.

CORDING (KORDELSTICKEREI)

WAS ES IST: Eine dekorative, mit Stoff bezogene Kordel, die auf die Oberseite eines Nähprojekts genäht wird.

WAS ES KANN: Wird von Hand als Muster oder Motiv aufgenäht und ist rein dekorativ.

WARUM SIE ES VERWENDEN SOLLTEN: Am Halsausschnitt oder einem Saum als Ornament aufgenähte Kordeln wirken sehr attraktiv.

STOFFRÖLLCHEN

WAS ES IST: Ein dünner Stoffstreifen zu einem Röllchen genäht, das auf die Stoffoberseite genäht wird.

WAS ES KANN: Ähnelt der Kordelstickerei und wird von Hand als Muster oder Motiv zur Verzierung aufgenäht.

WARUM SIE ES VERWENDEN SOLLTEN: Im Gegensatz zu den mit Stoff bezogenen Kordeln sind Stoffröllchen flacher und können dadurch unterschiedlich arrangiert werden.

APPLIKATIONEN

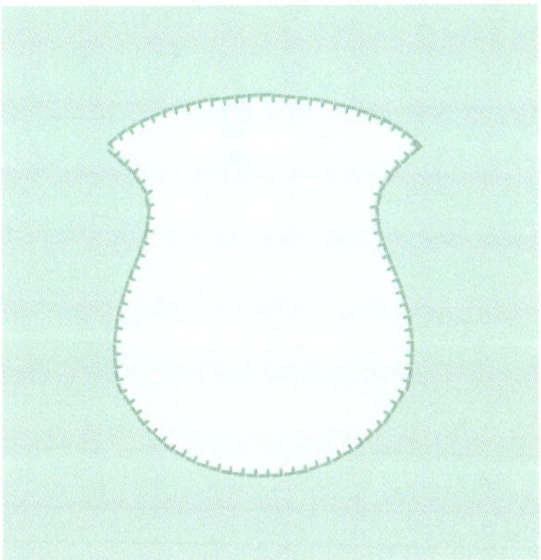

WAS ES IST: Das Aufnähen eines kleinen dekorativen Stoffteils auf ein größeres Stoffstück.

WAS ES KANN: Die kleineren Stoffstücke können zu geometrischen aufwendigeren Formen geschnitten werden. Diese werden von Hand oder mit der Maschine auf Kissen, Kleidung oder andere Nähprojekte genäht.

WARUM SIE ES VERWENDEN SOLLTEN: Da Sie bei der Formenwahl freie Hand haben, ist der Kreativität bei den Applikationen keine Grenze gesetzt.

DURCHBRUCH-STICKEREI

WAS ES IST: Eine Sticktechnik, bei der das Design mit Fäden aufgestickt wird, dann werden Stoffteile herausgeschnitten, um ein Motiv zu kreieren.

WAS ES KANN: Zur Verwendung bei Kleidungsstücken oder anderen Nähprojekten. Die Löcher werden mit Ziergarn oder anderen feinen Fäden gefüllt.

WARUM SIE ES VERWENDEN SOLLTEN: Durchbruch-Motive können auf dem Stoff oder als Applikation gearbeitet werden. Damit lässt sich fast jedes Nähprojekt verzieren.

OCCHI

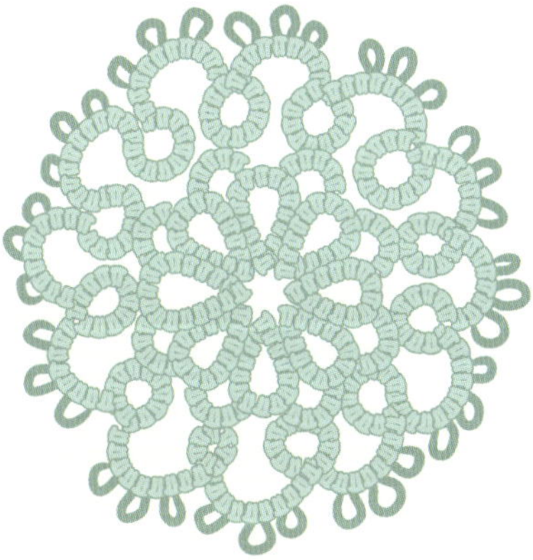

WAS ES IST: Eine spitzenähnliche, dekorative Bordüre für das Fertigen von Kragen und Zierdeckchen.

WAS ES KANN: Occhi (auch: Schiffchenspitze oder Tatting) wird durch Knoten und Schlaufen gebildet, mit mitteldickem Faden, Schiffchen und Haken oder stricknadelähnlichen Nadeln.

WARUM SIE ES VERWENDEN SOLLTEN: Schiffchenspitze als Zierelement hat eine lange Tradition bei Kleidungsstücken wie auch bei Wohnaccessoires, da sie elegant und zeitlos ist.

LOCHSTICKEREI

WAS ES IST: Auf Stoff gearbeitete Handarbeitstechnik, die Durchbruchstickerei, Stickerei und Spitze vereint. Wird traditionell in Weiß gearbeitet.

WAS ES KANN: Eine sehr alte Technik zum Fertigen dekorativer Formen im Stoff mithilfe von Stickösen, die mit Fäden umstickt werden.

WARUM SIE ES VERWENDEN SOLLTEN: Diese Technik wird seit dem 16. Jahrhundert zum Anfertigen schöner Kleidung sowie für andere Nähprojekte eingesetzt.

STICKÖSEN

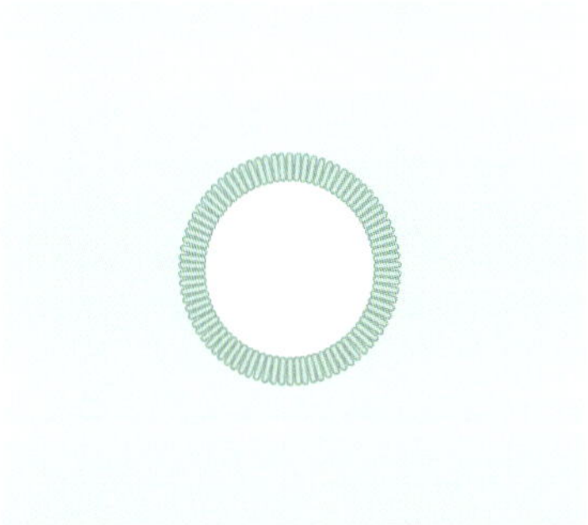

WAS ES IST: Ein kleines Loch, das eng mit Stichen umstickt wird, meist von Hand genäht.

WAS ES KANN: Agiert als Blickfang auf dem Stoff.

WARUM SIE ES VERWENDEN SOLLTEN: Unterstreicht dekorative Elemente oder Zierstiche. Von Hand auf den Stoff genähte Stickösen wirken wie Lochstickerei.

STICKEREI

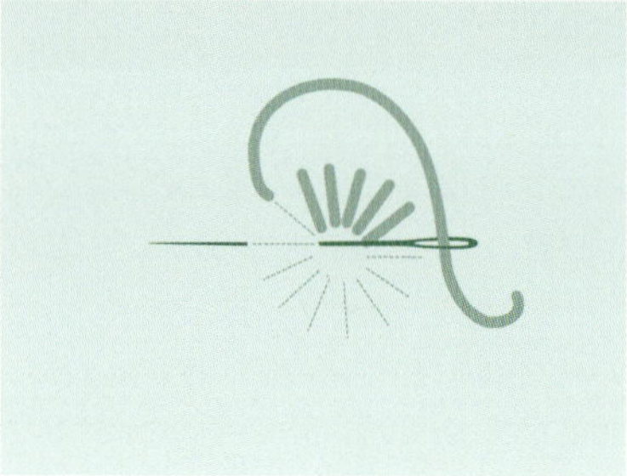

WAS ES IST: Von Hand gearbeitete Motive auf Stoff, gestickt mit Stickgarn und einer Handnähnadel.

WAS ES KANN: Sticken ist wie Malen auf Stoff mit einem dickeren Faden. Es gibt Hunderte von Stickstichen, mit denen zweidimensionale Motive auf den Stoff genäht werden können.

WARUM SIE ES VERWENDEN SOLLTEN: Kann für Wohnaccessoires oder auch zur Verzierung von Kleidung verwendet werden – z.B. an Säumen und Ausschnitten, oder auf einer Passe.

SASHIKO

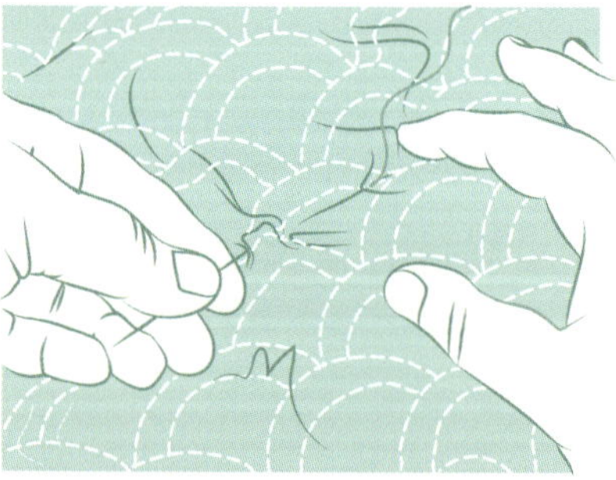

WAS ES IST: Eine japanische Handarbeitstechnik, die auf kleinen Stickstichen basiert.

WAS ES KANN: Aus Vorstichen und traditionell weißem Faden auf indigoblauem Stoff gearbeitet, zum Verzieren und Verstärken.

WARUM SIE ES VERWENDEN SOLLTEN: Sashiko ist zwar eine minimalistische Herangehensweise an das Sticken, jedoch trotz seiner langen Tradition sehr modern.

HARDANGER-STICKEREI

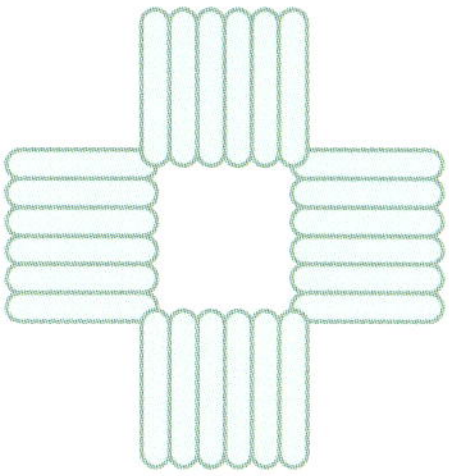

WAS ES IST: Aus Plattstichen gearbeitete Blöcke. Fünf Fäden werden mit gleichmäßigen Abständen dicht an dicht zu einem Quadrat vernäht.

WAS ES KANN: Eine rein dekorative Zählstickerei, mit der alle Gegenstände im Kleiderschrank oder den eigenen vier Wänden verziert werden können.

WARUM SIE ES VERWENDEN SOLLTEN: Lassen Sie alte Handarbeitstechniken neu aufleben und lernen Sie das Sticken aufwändiger Motive mit sehr einfachen Stickstichen.

GERSTENKORNSTICKEREI

WAS ES IST: Von Hand genähte Stickstiche, mit denen ein ornamentales Muster gebildet wird. Wird auch als schwedisches Weben bezeichnet.

WAS ES KANN: Zum Verzieren von Kleidungsstücken, meist an Ausschnitt, Passe oder Saum.

WARUM SIE ES VERWENDEN SOLLTEN: Weil Sticken Spaß macht – die Gerstenkornstickerei macht aus einem einfachen Geschirrtuch ein Familienerbstück!

JAKOBINER-STICKEREI

WAS ES IST: Eine dem Sticken ähnliche Handarbeit, bei der vorgezeichnete Motive mit Stickwolle auf einen Stoff ausgestickt werden.

WAS ES KANN: Eine rein dekorative Technik. Die Motive werden mit Stickwolle und speziellen Crewel-Nadeln gestickt. Mit verschiedenen Stickstichen können aufwendigen Motive gestaltet werden.

WARUM SIE ES VERWENDEN SOLLTEN: Zum Kreieren von kleinen Kunstwerken – z.B. zum Sticken eines attraktiven Wandbehangs oder anderen Wohnaccessoires.

ASSISI-STICKEREI

WAS ES IST: Eine Form der Zählstickerei.

WAS ES KANN: Die Stiche werden entlang eines Gitterrasters gesetzt, jeder Stich wird anhand des Gitters gezählt. Nur der Hintergrund des Motivs wird gestickt, das Motiv ist freibleibend.

WARUM SIE ES VERWENDEN SOLLTEN: Benannt wurde die Technik nach der italienischen Stadt Assisi, die Sticktechnik hat eine lange Tradition.

RELIEF-STICKEREI

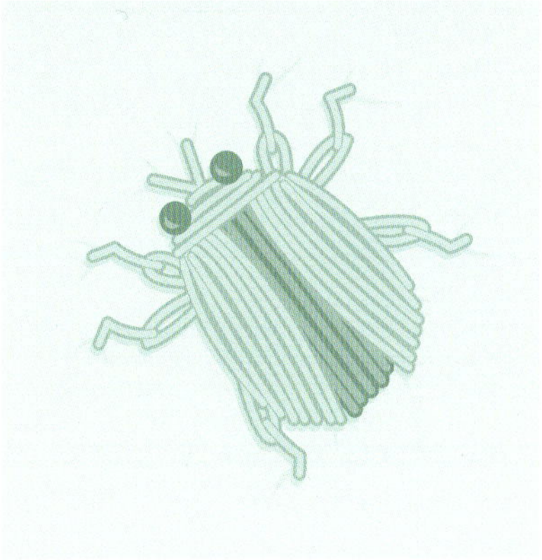

WAS ES IST: Eine Form des Stickens, bei der einige Bereiche flach, andere erhaben aufgestickt werden.

WAS ES KANN: Diese Stickerei ist beeindruckend. Neben dem Stickgarn werden Draht oder Füllmaterialien zu dreidimensionalen Strukturen verarbeitet.

WARUM SIE ES VERWENDEN SOLLTEN: Wird meist für Wohnaccessoires verwendet. Wandbehänge mit Relief-Stickerei wirken sehr lebendig.

SMOKEN

WAS ES IST: Das Raffen von Stoff in mehreren Reihen von Hand mit Nadel und Faden.

WAS ES KANN: Eine dekorative Technik, die ohne elastische Fäden die Stoffweite reduziert.

WARUM SIE ES VERWENDEN SOLLTEN: Kann als dekoratives Detail bei Kleidungsstücken verwendet werden, z.B. an Ausschnitt oder Passe, und ist eine geeignete Alternative zu Kräuseln oder Falten.

BARGELLO-STICKEREI

WAS ES IST: Eine Form des Stickens, bei der aus langen Stichen grafische Formen in verschiedenen Farben gearbeitet werden.

WAS ES KANN: Bargello-Stickerei wird in aufwendigen, vielfarbigen Mustern gearbeitet, die auf mathematischen Motiven basieren und wird üblicherweise auf Wollstoff gestickt.

WARUM SIE ES VERWENDEN SOLLTEN: Sehr aufwendige und attraktive Muster, gut geeignet für hübsche Wohnaccessoires wie Kissen und Wandbehänge.

GOLDSTICKEREI

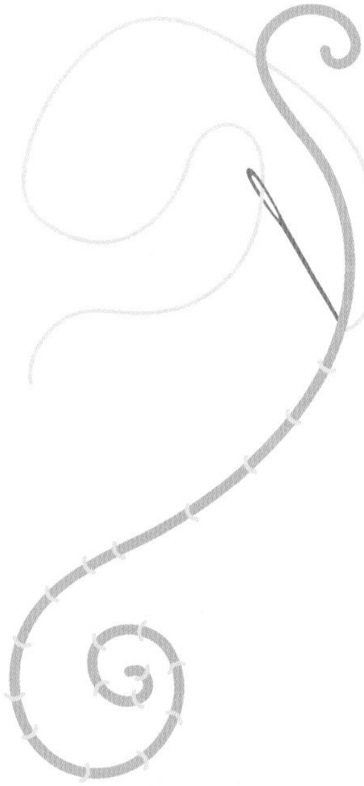

WAS ES IST: Eine Form des Stickens, bei der Metallfäden verwendet werden.

WAS ES KANN: Gold-, silber- und kupferfarbene Fäden werden auf dem Stoff zu aufwendigen dekorativen Mustern gestickt, bei Kleidung wie Wohnaccessoires.

WARUM SIE ES VERWENDEN SOLLTEN: Wenn Sie das Sticken lieben und dieser Handarbeit mehr Glanz verleihen wollen, ist Goldstickerei eine ideale Möglichkeit.

SCHWARZSTICKEREI

WAS ES IST: Eine unverwechselbare Art des Stickens, bei dem mit schwarzen Fäden auf weißem Stoff gestickt wird.

WAS ES KANN: Beim Sticken werden Zählstickerei und freies Sticken kombiniert. Schwarzstickerei wird hauptsächlich bei traditioneller Kleidung und Wohnaccessoires verwendet.

WARUM SIE ES VERWENDEN SOLLTEN: Die schwarzen Fäden auf weißem Stoff sehen wundervoll modern aus.

WEISSSTICKEREI

WAS ES IST: Eine Art des Stickens, bei der weiße Fäden auf weißen Stoff, meist Baumwolle oder Leinen, gestickt werden.

WAS ES KANN: Weißstickerei kann als Lochstickerei, Durchbruchstickerei oder in anderen Varianten gearbeitet werden, bei denen Weiß die maßgebliche Farbe bei Fäden und Stoff ist.

WARUM SIE ES VERWENDEN SOLLTEN: Eine weitere Variante traditioneller Handarbeit, mit denen Kleidung und Wohnaccessoires verschönert werden können.

SIEHE AUCH: Lochstickerei, Seite 177

PERLENSTICKEREI

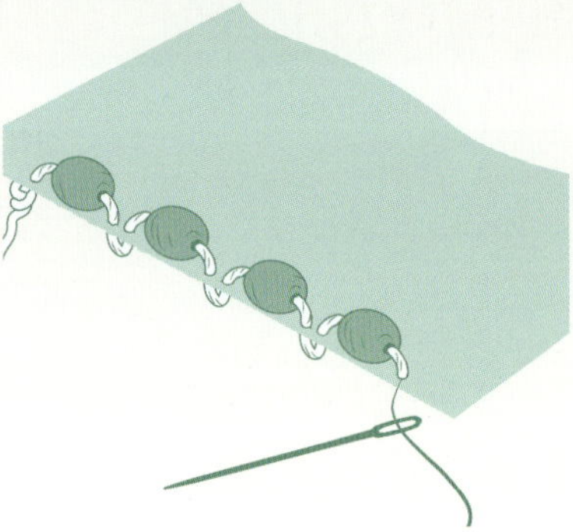

WAS ES IST: Das Verzieren von Nähprojekten mit dekorativen Perlen.

WAS ES KANN: Perlen können für kleinere Detailarbeiten verwendet, oder auf der Kleidung zu aufwendigen Mustern aufgenäht werden.

WARUM SIE ES VERWENDEN SOLLTEN: Perlen verleihen jedem Kleidungsstück im Handumdrehen Flair.

SHIBORI

WAS ES IST: Eine traditionelle japanische Färbetechnik, bei der durch das Abbinden des Stoffs charakteristische Muster entstehen.

WAS ES KANN: Die meisten Shiborimuster werden durch Abbinden, Falten und Drehen des Stoffs gearbeitet, um runde Muster entstehen zu lassen.

WARUM SIE ES VERWENDEN SOLLTEN: Mit dieser einfachen Färbetechnik können sowohl abstrakte Motive als auch Musterverläufe gestaltet werden.

RESIST-FÄRBUNG

WAS ES IST: Das Auftragen bestimmter wasser- oder farbabweisender Materialien auf den Stoff.

WAS ES KANN: Durch das Auftragen von Wachs oder ähnlichen Substanzen können Batik-Effekte oder vielschichtige Drucke angefertigt werden. Malen oder stempeln Sie das Wachs einfach auf den Stoff. Beim Färben nehmen die gewachsten Partien die Farbe oder andere Flüssigkeiten nicht an.

WARUM SIE ES VERWENDEN SOLLTEN: Experimentieren Sie mit verschiedenen Wachs- und Färbevorgängen und stellen Sie einen individuellen Stoff für das nächste Nähprojekt her.

PATCHWORK

WAS ES IST: Das Zusammennähen einzelner kleiner Stoffstücke zu einem größeren Stoffstück.

WAS ES KANN: Patchworken ist ein wenig wie die Kreation eines neuen Stoffs. Das Design kann aus kleinen Quadraten oder aufwendigen Mustern bestehen und für die unterschiedlichsten Dinge vom Wandbehang bis zu Kleidung verwendet werden.

WARUM SIE ES VERWENDEN SOLLTEN: Eine ausdrucksstarke Technik, zu der das Schneiden und kreative Vernähen von Stoffstücken zu einem neuem Stoff gehört, die viel Freude bringt und noch dazu entspannend wirkt.

QUILTEN

WAS ES IST: Zum Quilten gehört das Nähen durch zwei Stofflagen sowie der innen liegenden Wattierung.

WAS ES KANN: Traditionell wird von Hand gequiltet, inzwischen jedoch meist mit der Nähmaschine genäht. Das Quilten verbindet die Quiltoberseite mit der Rückseite und fixiert die dazwischenliegende Wattierung.

WARUM SIE ES VERWENDEN SOLLTEN: Werden die Quiltlagen nicht vernäht, verschieben sie sich. Das Quilten ist also eine wichtige Nähaufgabe.

SIEHE AUCH: Stoffpakete, Seite 122; Quiltstich, Seite 88; Quilt-Stecknadeln, Seite 25

EINFASSUNG

WAS ES IST: Um die Kanten eines Nähprojekts, z.B. einem Quilt, genähte Stoffstreifen, zum Versäubern der Kanten.

WAS ES KANN: Im schrägen oder geraden Fadenlauf zugeschnittene Stoffstreifen werden um die Kanten gelegt und rundherum fest genäht. Für Quilts, Decken oder ähnliche Projekte.

WARUM SIE ES VERWENDEN SOLLTEN: Eine elegante Form der Kantenversäuberung bei allen Nähprojekten.

BEGRADIGEN

WAS ES IST: Das Schneiden einer geraden, gleichmäßigen Kante bei Nähprojekten mithilfe eines Lineals und eines Rollschneiders.

WAS ES KANN: Wird meist vor dem Einfassen, jedoch nach dem Nähen eines Quilts durchgeführt. Das Begradigen gewährleistet Ecken mit einem Winkel von 90°, zudem werden überschüssiger Rückseitenstoff und Wattierung abgeschnitten.

WARUM SIE ES VERWENDEN SOLLTEN: Wenn alle Kanten gerade ausgerichtet sind, geht das Einfassen leichter von der Hand und der fertige Quilt sieht ansprechender aus.

DURCHFASERN

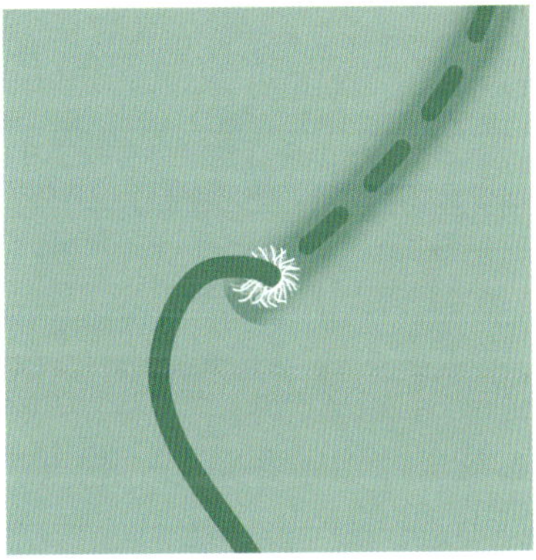

WAS ES IST: Ein Durchfasern tritt auf, wenn sich die Fasern der Wattierung beim Quilten durch die Nadellöcher nach außen schieben.

WAS ES KANN: Werden die Wattierungsfasern herausgezogen, sieht die Quiltoberfläche fusselig aus.

WARUM SIE ES VERWENDEN SOLLTEN: Ein Durchfasern sollte vermieden werden. Beim ersten Anzeichen von Durchfasern sollten Sie sich die Zeit nehmen, dies zu korrigieren.

SIEHE AUCH: Wattierung, Seite 123; Quiltstich, Seite 88

INDEX

INDEX

DANKSAGUNG

Jeder Nähschüler, den ich über die Jahre unterrichtet habe, hat indirekt dazu beigetragen, dieses Buch besser zu machen. Ohne euch wäre ich nicht die Lehrerin und Schneiderin, die ich heute bin. Ich hoffe, dass dieses Buch bei allen Fragen, die beim Nähen aufkommen, zu einem hilfreichen Nachschlagewerk wird.

Dem wunderbaren Team um Isheeta Mustafi, Tamsin Richardson und Angela Koo habe ich sehr viel zu verdanken, sie halten mich auf Kurs, edieren meine Worte und sind bei der Zusammenarbeit ein wundervolles Team.

Ein riesiges Dankeschön auch an Sarah Lawrence und Rob Brandt für die wunderschönen Illustrationen in diesem Buch. Ich bewundere sie, vor allem die Details der Kleidungsstücke, die mich, die Kleidungsstücke liebt, schon beim Gedanken an das Nähen ganz aufgeregt werden lassen.

Danke auch an meine wunderbaren Freunde und meine Familie für ihre unaufhörliche Liebe und Unterstützung, sowie auch an meine Liebe Mike, der mich mit langen Tagen voller Freude und Champagner immer wieder aufs Neue angespornt hat.

ÜBER DIE AUTORIN

Christine Hayes lebt in Los Angeles, USA, und ist Nähautorin, Lehrerin und Schnittmusterdesignerin mit einer eigenen Schnittmusterkollektion – Christine Haynes Patterns –, die perfekt geeignet ist für moderne Näherinnen, die den Vintage-Stil schätzen. Sie hat bereits drei Bücher veröffentlicht: „Skirts & Dresses for First Time Sewers“ (2015, Barron's), „The Complete Photo Guide to Clothing Construction“ (2014, CPI), sowie „Chic & Simple Sewing“ (2009, Potter Craft). Zudem war sie an weiteren Buchprojekten beteiligt, beispielsweise “One Yard Wonders“ (2009, Storey). Christines Artikel wurden in Zeitschriften wie Sewstylish, Sew News, Craftstylish und Craft Zine veröffentlicht. Auch für den Craftsy Blog schreibt sie regelmäßig Beiträge. Ihre Nähkurse finden unter anderem auch online statt; sie hält Vorträge und bietet Workshops an, z.B. bei der American Sewing Guild Conference und den Craftcation Conferences (2012– 2015). Christine war Gast bei Staffel 2 und 8 der „Sew It All“ TV-Show des US-Senders PBS. Ihre Arbeiten wurden in der Zeitschrift „Threads“, den Zeitungen „New York Times“, „New York Post“, „Los Angeles Times“, bei Martha Stewarts Radiosender, People.com, LA Weekly, Daily Candy, sowie u.a. in der „Today Show“ des US-Senders NBC vorgestellt.